中小学生不得不读的故事丛书

让青少年学会勤劳俭朴的故事

本书编写组◎编

每一个好故事，都会带你种下完美人生的种子；每一个好故事，都是我们领悟人生的一盏明灯；每一个好故事，都是我们人生的一块基石。它给我们智慧的启迪，让我们抓住希望。对今天更加珍惜，对明天充满自信！

世界图书出版公司
广州·北京·上海·西安

图书在版编目（CIP）数据

让青少年学会勤劳俭朴的故事 /《让青少年学会勤劳俭朴的故事》编写组编. —广州：广东世界图书出版公司，2010. 3（2024.2 重印）

ISBN 978 - 7 - 5100 - 1504 - 5

Ⅰ. ①让… Ⅱ. ①让… Ⅲ. ①品德教育 - 中国 - 青少年读物 Ⅳ. ①D432. 62

中国版本图书馆 CIP 数据核字（2010）第 037451 号

书　　名　让青少年学会勤劳俭朴的故事
　　　　　RANG QINGSHAONIAN XUEHUI QINLAO JIANPU DE GUSHI
编　　者　《让青少年学会勤劳俭朴的故事》编写组
责任编辑　张梦婕
装帧设计　三棵树设计工作组
出版发行　世界图书出版有限公司　世界图书出版广东有限公司
地　　址　广州市海珠区新港西路大江冲 25 号
邮　　编　510300
电　　话　020-84452179
网　　址　http://www.gdst.com.cn
邮　　箱　wpc_gdst@163.com
经　　销　新华书店
印　　刷　唐山富达印务有限公司
开　　本　787mm × 1092mm　1/16
印　　张　9
字　　数　120 千字
版　　次　2010 年 3 月第 1 版　2024 年 2 月第 11 次印刷
国际书号　ISBN　978-7-5100-1504-5
定　　价　48.00 元

前言

诗人陆游说：“天下事，常成于勤俭而败于奢靡”。勤俭是通向成功的阶梯和动力，奢靡则是前进道路上的绊脚石。小到一个人、一个家庭，大到一个国家、整个人类，要想生存，要想发展，都离不开勤俭节约。

中华民族历来以勤俭为美德。崇尚俭朴，提倡廉洁，反对奢侈，摈弃浮华。多少年来，以此修身、齐家、治国，相沿相袭，蔚然成风。早期的经典文献《周易》中，就有这种思想的总结，即“节以制度，不伤材，不害民”；孔子也认为“礼，与其奢也宁俭”、“君子惠而不费”。从传说中的尧、舜起，各个历史时代的广大人民群众，乃至各国各个阶级、阶层的有识之士，无不以勤俭为做人的美德、持家的要诀、治国的法宝，大力倡导，并身体力行。

在悠悠历史长河中，从上古时期到大清帝国的各个朝代，从封建君王到改革家、文学家的各类历史人物；从各国政治家、科学家等著名人物的身上也都不难找到勤劳节俭的故事，可见，勤劳节俭的优良传统不仅源远流长，而且得到广泛的继承和发扬。

“勤以立志，俭可养德”这是做人之美德。俭，德之共也，侈，恶之大也，这就是说：俭，是德的根本；侈，是万恶之首，也是万恶之源。俭则无欲，无欲则刚。唯其廉洁，才能克己奉公。无论居朝在野，还是各行各业，都在倡俭尚廉，鄙弃奢侈。上古时期，部落联盟首领尧住茅屋，吃野菜，与民共甘苦；舜凿井而饮，耕田而食；禹十年辛苦，治理洪水；战国时的墨子主张“节用”、“节葬”；三国时期，孙吴的是仪，官至尚书仆射，却“服不精细，食不重膳”，一生俭朴，粗菜淡饭……可见，勤俭在古往今来，都为人民所赞扬和歌颂。

“克勤克俭，开源节流”，这是治家之法宝。勤俭是个人、家庭、民族、国家生存和发展的必要手段。一个人、一个家庭只有勤劳生产，才能得到生存所必需的生活用品，正所谓“夫食为民天，民非食不生矣”。同时，如果对有限的财富消费时没有节制，不能借鉴，财富必然亏空。所以早在2 000多年前的《礼记》里，就记载了“量入以为出”的施政方针。个人如此，一个家庭更是如此。一方面要辛勤劳作，创造财富；另一方面要省吃俭用，减少开支，这样才能家庭富裕。

“成由节俭，败由奢”，这是安邦治国之大道。西汉文帝崇尚节俭，萧何廉正治国；东晋的吴隐之，饮“贪泉”而不渝清操，为官俭洁，“卖狗嫁女”已成佳话；杰出的文学家、唐宋八大家之一——“东坡居士”苏轼，一生为民造福，筑堤防洪，开发岭南；宋代大改革家、文学家王安石，不思财帛，勤于政务，堪为“一代廉士”；司马光为官40年，戒奢戒侈，“食不敢常有肉，衣不敢有纯帛”；清代两江总督于成龙，素有“于青菜”的雅号，足见其何等自奉菲薄，克勤克俭……凡此等等，勤劳节俭的故事举不胜举。

“勤如摇钱树，俭如聚宝盆，勤劳又节俭，富裕长万年”。历史走过5 000余年，告别20世纪，又迈进21世纪。历数家珍，勤劳节俭仍是宝，世世代代离不了。勤俭节约不仅是一种美德，更是一种责任。我们应怀着以天下为己任的宏伟情怀，怀着对时代的责任感，传承勤俭节约的美德。

目 录

勤俭律己

勤俭治家

勤俭为国

勤奋成才

勤俭律己

QIN JIAN LV JI

尧之“宫殿”

君子以俭德辟难。

——《周易·否》

在遥远的古代,中国的黄河流域居住着许多分散的人群。他们按照亲属关系组成氏族,好些氏族又组成了部落。黄帝和炎帝就是两个大部落的首领。

过了很多年,尧当了炎黄部落联盟的首领。尧,姓伊祁,名放勋,史称唐尧。公元前2377年农历二月初二,在唐地伊祁山诞生,随其母在庆都山一带度过幼年生活。15岁时在唐县封山下受封为唐侯。20岁时,其兄帝挚为形势所迫让位于他,于是尧成为我国原始社会末期的部落联盟长。他践帝位后,复封其兄挚于唐地为唐侯,他也在唐县伏城一带建第一个都城,以后因水患逐渐西迁山西,定都平阳。唐尧在帝位70年,90岁禅让于舜,118岁时去世。

他很会治理天下。东西南北四方,春夏秋冬四季,农牧渔猎各业,他都安排管理得井井有条。当时的生产很落后,吃不上饭,穿不上衣的事常有。尧整天和老百姓在一起,对大家的苦难十分关心。他自己的生活也很俭朴。

尧看到有人吃不上饭,心想:这是我使他饿肚子的。遇到有人穿不上衣服,他总觉得:这是我有过错,才使他没衣服穿的。有人犯了罪,他也首先责备自己没有尽到责任。因为尧和人民同甘苦、共患难,所以他赢得了人民的爱戴。

有一天,几个部落首领来拜望尧。他们来到尧的“宫殿”门口,细一看,都愣住了。

“天哪,他住的是什么样的房子啊!”有个人先发出感叹,其他人也跟着议论起来:“这明明是几间最普通的茅草房啊!”

"我们那里，守门官也比他住得好呢！"

正说着，尧走了出来。大家见他的穿戴，都不相信自己的眼睛了，嘴上没说，心里却想："难道这个身穿补丁衣裳的人，就是大名鼎鼎的尧吗？"

这些首领们互相看了看，他们每个人都比尧穿得好，脸上不禁露出惭愧的神情，从心眼儿里更加敬重尧了。

在尧招待各部落首领的"宴席"上，大家席地而坐，愉快地端起土钵、土碗，津津有味地喝着野菜汤，谈着治理天下的大事。"宫殿"里不时传出一阵阵的笑声。

从那以后，各部落的首领们都学着尧的样子，和老百姓同甘苦，共患难，同大自然展开了顽强的斗争。

舜帝勤劳节俭

> 民生在勤，勤则不匮。
>
> ——《左传·宣公十二年》

舜，中国传说中父系氏族社会后期部落联盟领袖。

舜名重华，晋代皇甫谧又说他字都君。舜又称虞舜，建国号有虞，都蒲阪。按先秦时代以国为氏的习惯，故称有虞氏帝舜。还传说舜出生于姚墟，故姓姚氏，唐代张守节特别指出："蒲州河东县本属冀州。"似认为舜是河东县人。唐代蒲州河东县即今山西永济市，治所在今蒲州镇。孟子认为舜是东夷人。《孟子》载："舜生于诸冯，迁于负夏，卒于鸣条，东夷之人也。"

《中庸》载"子曰：舜其大知也与！舜好问而好察迩言，隐恶而扬善，执其两端，用其中于民。其斯以为舜乎！"

相传舜的家世甚为寒微，虽然是帝颛顼的后裔，但五世为庶人，处于社会下层。舜的遭遇更为不幸，父亲瞽叟，是个盲人，母亲很早去世。瞽叟续娶，继母生弟名叫象。舜生活在"父顽、母嚚、象傲"的家庭环境里。

有一次，继母叫舜和象去种黄豆，她让舜种阳光不足的北坡，让象种土沃光足的南坡。她还把好豆种给了象，把不好的豆种子给了舜。舜和象各自种下了豆种。

勤劳的舜起早贪黑，不辞劳苦，整天耕耘在地里，浇水、除草、捉虫，样样精心。早晨还没等太阳升起，舜已出现在田间了；晚上太阳早已落山，他还没有放下手中的工作。

象由于娇生惯养，懒惰成性，挑不动水，举不起锄，怎能吃得一番辛苦而耕耘在田间呢？

于是北坡与南坡的豆苗，出现了截然不同的长势；舜的北坡上的豆棵，枝叶繁茂，绿茵茵；象的南坡，野草丛生，几乎看不见豆苗。

一天，帝尧来到这个地方，在山坡前，看见一个青年人，赶着一头黄牛和一头黑牛在犁地。那人手里并没有拿鞭子，而是拿着一个小簸箕，不时地敲几下，帝尧看着，心里很纳闷，心想这小伙子真奇怪，犁地敲簸箕，这是什么意思呢？这时，有一位白发长者，挑柴从对面山上下来，那小伙子看见后，便放下手中的活儿，接过了老人的担子，一直挑到山坡下面。等那老人过来，帝尧拱手道："老人家，这小伙子是您的儿子吗？"老人说："不是，他是我们这里的小首领。家住在附近，我是他的百姓。"帝尧问："他是首领还肯替你挑柴吗？"老人说："他就是这样，见谁有困难，就帮助谁，并且身为首领，从不让别人替他干活。你不见他自己正在犁地吗？"

帝尧走上前去，问了名字后，方知他叫舜。帝尧问他说："为什么耕地敲簸箕？"他说："牛虽是牲畜，但为我耕这样的山地，就已经很费劲了，如果我再用鞭子去抽它，实在从良心上过不去，所以，我用敲簸箕的声音吓一吓就行了。如果我要打，这头牛受痛苦就要猛拉，哪头牛还按部就班。这样一头猛拉，一头不拉，结果乱了套，少耕地，还累得牛筋疲力尽，没有什么好处。"

听到这，帝尧连声称颂："有道理！既勤劳又爱惜牛，也是奇才，如果当了国君，更会用人。"后来，帝尧真的让位给舜。

由于舜在长期的艰苦劳动中积累了丰富的经验，国计民生，防敌御侮，无不处理得井井有条，成为百姓称颂的好首领。

季文子以俭为荣

民生在勤，勤则不匮。

——《左传·宣公十二年》

季文子，即季孙行父（？—前568），春秋时鲁国正卿，谥曰文子。

季文子从公元前601年至前568年共在鲁国执国政33年，辅佐过鲁宣公、鲁成公、鲁襄公三代君主。为稳定鲁国政局，曾驱逐公孙归父出境。他执掌着鲁国朝政和财富，大权在握，一心安社稷。忠贞守节，克勤于邦，克俭于家。《史记·鲁世家》记载：季文子当政时，"家无衣帛之妾，厩无食粟之马，府无金玉"，以此来收揽人心，并招纳人才，不断扩大自己的势力。

季文子身居位高权重的鲁国上卿大夫，掌握国政和统兵之权，有自己的田邑，但是他的妻子儿女却没有一个人穿绸缎衣裳；他家里的马匹，只喂青草不喂粟米。

季文子反对奢侈浪费，主张勤俭节约。

有一天，他有公务出门，让他的侄儿备车。等了一会儿，不见动静，就径直向马厩走去。

刚走到马厩门口，他看到他侄儿慌慌张张将青草盖在马槽上，显出不安的样子。季文子很纳闷，问他在干什么，他侄儿支支吾吾说不出话来。季文子上前一看，原来马槽里有粮食。季文子十分生气，说："我已经说过，不许用粮食喂马，有充足的草就可以了。因为现在还有许多穷人缺吃少穿！"

他侄儿点点头，说："您说的道理我懂，我只是怕别人耻笑我们，说我们小气。"

季文子微微一笑，说："既然明白自己做得不错，就不必去管别人说什么。"

他侄儿备好了马，季文子在车上坐好，他们出发了。马车很旧，一边走，一边发出使人心烦的吱嘎声。季文子的侄儿低着头，怕别人认出这是宰相家的马车。而季文子泰然自若，时而观望民情，时而皱眉沉思。

当马车走到一个十字路口时，季文子下了车，与百姓们交谈。这时，走过来一位穿着十分讲究的年轻人向季文子请安。季文子转身一看，认出了这个年轻人是大臣孟献之的儿子，名叫仲孙。

季文子问："你父亲可好？"

仲孙点头说："很好，他刚才还在这里买东西。"

季文子抬头一看，果然有辆豪华的马车正向西驰去。他说："你们家好气派啊！依我看，要适可而止，还是以俭朴为好。"

仲孙不以为然，带着几分耻笑的口气说："大人做宰相这么多年了，出入人人连一件像样的绸缎衣服都没有。喂的马，不给粮食，只给草吃。您每天乘坐瘦马破车，难道不怕别人笑话，说您太小气了吗？您这么小气，要是让别国人知道了，说不定还会认为我们鲁国人穷成了什么样子呢！"

季文子听了仲孙的话，语重心长地说："你的话没有道理，这是因为你没有懂得节俭的意义。一个有修养的人，他可以克制贪心，因为他知道节俭可以使人向上。相反，一个人铺张浪费，必然贪得无厌。一个国家的大臣如能厉行节俭，艰苦奋斗，上行下效，百姓齐心，这个国家必然会越来越强大。因此，你怎么能说节俭丢脸和使国家衰败呢？"

季文子句句在理的一番话，说得仲孙哑口无言。他红着脸不好意思地走开了。

后来，孟献之闻知此事，怒而将儿子仲孙幽禁了 7 天，受到管教后的仲孙，改过前非，亦仿而学之。消息不胫而走，在季文子的倡导下，鲁国朝野出现了俭朴的风气，并为后世所传颂。

晋文公饱不忘饥

克勤于邦，克俭于家。

——《尚书·大禹谟》

晋文公(前 697—前 628)，姓姬名重耳，与周王室同宗，春秋时期著名的政治家，晋国国君，春秋五霸之一。晋献公之子，因其父立幼子为嗣，曾流亡国外 19 年；后在秦国援助之下，于 62 岁时回国继位。

晋文公生于周桓王 23 年（公元前 697 年），公元前 636 年即位，卒于周襄王 24 年（前 628 年），共在位 9 年。在赵衰、狐偃、狐毛、贾佗、先轸、魏武子、介之推等人的辅佐下，实行“通商宽农”、“明贤良”、“赏功劳”等政策，整顿内政，发展农业、手工业，加强军队，国力大增，出现“政平民阜，财用不匮”的局面。因平定周室内乱，接襄王复位，获“尊王”美名。城濮之战，大败楚军。旋于践土（今河南荥阳东北），会集诸侯，邀周天子参加，遂成霸主。公元前 628 年 10 月，晋文公因病逝世，终年 70 岁，其子晋襄公继位。

“饱不忘饥”，说的是晋文公的一段往事。

晋献公死后，他的 5 个儿子为争王位展开了激烈的斗争。公子重耳遭受陷害，逃到狄国（现河北正定县）。后来，他的同父异母兄弟夷吾当上国君即晋惠公。为除去后患，晋惠公派人刺杀重耳。重耳连夜离开狄国，带着孤偃等人，再次逃难。

他们一路逃跑，风餐露宿，历尽艰辛，粮食不够吃，衣服不够穿，不得不靠野菜充饥或乞讨度日。他们先后到过卫国、齐国、宋国、郑国、楚国，最后到达秦国。在整个逃难的艰苦岁月里，孤偃紧跟公子重耳，帮他度过道道难关。

秦穆公一心要帮助公子重耳回晋国做国君，便于公元前 636 年出动大军，亲自护送他。到了黄河，秦穆公把一半人马送给他过河，自己留一半人马在黄河西岸作为接应。

上船的时候，公子重耳的随从把逃难时用的物品全都搬到船上，一样也舍不得扔掉。重耳见了，哈哈大笑。他说：“我回去做国君，要什么有什么，还要这个破破烂烂的干什么？”说着吩咐人们把东西撇在岸上。人们七手八脚地把这些东西扔到岸上，有的把破衣旧裤丢到河里。

忠心耿耿的孤偃把这一切看在眼里，心中十分难过。他想，公子未得富贵，先忘贫贱，将来怎么会是个好君主？于是，他把秦穆公送给他的一块白玉拿出来，对重耳说：“如今公子过河，对岸就是晋国。你内有大臣，外有秦国，我就留在这里吧。现奉上这白玉，以表我的心意。”

重耳一听，十分诧异，他说：“我全靠你们帮助，才有今日。大家在外面吃了 19 年苦，现在回去，有福同享，你怎能不回去？”

孤偃说：“以前公子在患难之中，我有些用处。现在公子回去做国君，情形不同了，自然另有一批新人使唤。我们就好比这些旧衣破鞋，还带回去做什么？”

重耳听了，恍然大悟，直怪自己不

该得意忘形，红着脸，流着泪对孤偃说：“这全是我的不是，做人应该饱不忘饥。”说着又吩咐把破烂东西重新装到船上。他们过了黄河，打了胜仗，重耳做了国君，就是晋文公。

墨子提倡节俭

> 俭节则昌，淫佚则亡。
>
> ——《墨子》

墨子（前468年—前376），名翟，又称墨翟，鲁国人（滕州）。墨子是我国战国时期著名的思想家、教育家、军事家，墨家学派的创始人。创立墨家学说，并有《墨子》一书传世。主要内容有兼爱、非攻、尚贤、尚同、节用、节葬、非乐、天志、明鬼、非命等十项，以兼爱为核心，以节用、尚贤为支点。墨学在当时影响很大，与儒家并称“显学”。墨子死后，墨家分为相里氏之墨、相夫氏之墨、邓陵氏之墨三个学派。

墨子精通手工技艺，可与当时的巧匠鲁班相比。他自称是“鄙人”，被人称为“布衣之士”。墨子曾做过宋国大夫，自诩说“上无君上之事，下无耕农之难”，是一个同情“农与工肆之人”的士人。墨子曾经从师于儒者，学习孔子之术，称道尧舜大禹，学习《诗》、《书》、《春秋》等儒家典籍。但后来逐渐对儒家繁琐礼乐感到厌烦，最终舍掉了儒学，形成自己的墨家学派。在代表新型地主阶级利益的法家崛起以前，墨家是先秦和儒家相对立的最大一个学派，并列“显学”。

墨子一生的活动主要在两方面，一是广收弟子，积极宣传自己的学说；二是不遗余力的反对兼并战争。

墨家是一个有着严密组织和严密纪律的团体，最高领袖被称为“巨子”，墨家的成员都称为“墨者”，必须服从巨子的指导，听从指挥，可以“赴汤蹈火，死不旋踵”，意思是说至死也不旋转脚跟后退。

为宣传自己的主张，墨子广收门徒，一般的亲信弟子达到数百人之多，形成了声势浩大的墨家学派。墨子的行迹很广，东到齐、鲁，北到郑、卫，南到楚、越。

在战国时代，奴隶主、王公贵族们死后，要劳动人民为他们营建坟墓。棺材外面用很大的木椁，还捆三层牛皮。死人穿着非常讲究的衣服。一起埋葬的有玉器、丝织品、饮食用具等数不清的珍贵的东西，地下要修巨大的墓穴来埋葬这些东西。

为了减轻人民的负担，墨子反对奴隶主、王公贵族的奢侈浪费的寄生生活，提出“节用”、“节葬”的主张。他说：“人们穿衣服是为了御寒，夏天防暑热和雨水；制造车船是为了便利交通。”因此，他坚决反对在衣、食、住、行方面的任何浪费。关于埋葬死人，他说:"一个人死了,有三寸厚的木板做棺材,就可以了;只要有几件衣服,不让死人赤身裸体就够了;至于坟墓,只要能掩埋住棺材,止住尸体的臭味就行了,何必挖得很深,埋得像小山那么高呢?"

为了提倡节俭,墨子和他的学生们,过着十分俭朴的生活,身上穿的是粗布短衣,脚上穿的是麻鞋木屐。墨子的一生不但节俭,而且勤劳。他会亲手制造对人民的生活和生产有用的东西。墨子自己就是一位精通机械制造的人,特别擅长制造防御战争中使用的器械。

萧何生活俭朴

> 忧劳可以兴国,逸豫可以亡身。
>
> ——《新五代史·伶官传序》

在汉中通往关中的山道上,一位年轻人骑着马借着月光匆匆赶路。突然,一位老者追了上来,把这位年轻人劝了回去。这就是"萧何月下追韩信"的典故。这个年轻人便是被刘邦重视、不辞而别的韩信,那位老者就是刘邦的相国萧何。

萧何(?—前193),谥号"文终侯",汉族,汉初三杰之一,沛(今属江苏沛县)人。早年任秦沛县狱吏,秦末辅佐刘邦起义。攻克咸阳后,诸将皆争夺金银财宝,他却接收了秦丞相、御史府所藏的律令、图书,掌握了全国的山川险要、郡县户口,并知民间疾苦,对日后制定政策和取得楚汉战争胜利起了重要作用。项羽称王后,萧何劝说刘邦接受分封,立足汉中。刘邦为汉王,以萧何为丞相。萧何极力推荐韩信为大将军,还定三秦。楚汉战争时,他留守关中,侍太子,为法令约束,使关中成为汉军的巩固后方,不断地输送士卒粮饷支援作战,对刘邦战胜项羽,建立汉代起了重要作用。汉代建立后,以他功最高封为"酂侯",位次第一,食邑八千户。萧何采摭秦六法,重新制定律令制度,作为《九章律》(《盗律》、《贼律》、《囚律》、《捕律》、《杂律》、《具律》,增加《户律》、《兴律》、《厩律》),在法律思想上,萧何主张"无为",喜好"黄老之术"。高帝十一年(公元前196年)又协助高祖消灭韩信、英布等异姓诸侯王,被拜为相国。而他未能像张良那样及时地"假托神道明哲保身",于是为了避免高祖的诛杀,他便以"自毁其名"的方法,以逃避被杀的危机。高祖死后,他辅佐惠帝。惠帝二年(公元前193年)卒,谥号"文终侯"。

萧何本是秦末沛县人,年轻时任沛县功曹,这是负责县里某项事务的主要吏员。他平时勤奋好学,思想机敏,对历代律令颇有研究。秦朝时,任沛县吏。他在任县吏时期,清正廉明,从不搜刮民脂民膏。当地的百姓都很拥戴他。

有一年，萧何追随刘邦起兵反秦，兵入咸阳以后，众将纷纷争夺金银财物，萧何却分文未动，在城里到处收集了秦朝廷的律令图籍，从而使刘邦对天下各处关隘险要，户口多少，风俗民情等了如指掌。

刘邦做了汉中王，萧何被任命为丞相，他也是西汉的第一位丞相，与张良、韩信并称为汉初三杰。他亲手规划和组织了都城长安的营建工程，并提倡节俭使用，不得浪费各种建筑材料。他还参与了汉初“与民休息”政策的制定，减轻劳动人民的负担。

萧何做了 14 年的丞相，在这 14 年里，萧何一直过着十分俭朴的生活，从不穿戴华贵的服饰，更很少食山珍海味。

有一次，萧何的夫人看见他的朝服都已经旧了而且还补过了，就吩咐换了一件新的。萧何发现后，很不高兴，立刻又换了回来。并指责他的夫人说：“做丞相就不可以穿旧衣服了吗?”后来，萧何还做了个规定，就是没有他的命令，不允许随便更换他的衣服和用具。

在封建社会，当了官，衣、食、住、行都与老百姓不一样。按当时的规定，丞相的住宅，应该是高门大院、富丽堂皇才可相称。可是，萧何给自己建造的房舍，与老百姓的住宅没有什么两样，既不是高门大宅，更没有雕镂文饰，他说：“丞相也得与民一样，不能有什么特殊的地方。”

萧何虽然身居相位，但家无余财，唯有“桑几百株，薄田十几顷”，而且他在置买田产时，从来不抢肥田沃土。他说：“我希望我的子孙不要堕于奢侈。”

杨震遗产留“清白”

历览前贤国与家，成由勤俭败由奢。

——李商隐

杨震，是中国历史上东汉时期的一位忠厚老实的读书人。他 50 岁才做上官，一生的日子过得很清贫。

杨震(59—124)，字伯起，东汉弘农华阴人。他出身名门，八世祖杨喜，在汉高祖时因诛杀项羽有功，被封为“赤泉侯”。高祖杨敞，汉昭帝时为垂相，因功被封安平侯。父亲杨宝，因刻苦攻读欧阳生所传授讲解的《今文尚书》，而成为当时名儒。衰、平二帝时，杨宝隐居民间，以教书为生。居摄二年(公元 7 年)，杨宝与龚胜、龚舍、蒋翊一起被朝廷征召，他因不愿出仕做官，便逃避隐匿、不知去向。东汉光武帝刘秀很敬重杨宝的才华、学识、品德和气节，特派官家车辆征召他入朝做官，他因年老有病，未能成行，后老死家中。

杨震在做官前的20年中，一直在当教书先生。由于他很有学问，对学生又很和蔼，因此，家长和学生都很敬重他。杨震为了养家糊口，课余时间还要在田里干活，收拾种的粮食和蔬菜。学生们看到老师上了一天课以后，还要干这么重的农活，就悄悄地来帮老师干点事。杨震发现后，马上制止了他们，并一再强调读书是学生的本份。他教过的学生一批又一批，不管哪个学生来看老师，他都从不收礼。杨震就是这样，不管从人力上，还是物力上都不给人家添麻烦。他总觉得，自己是先生，要为人师表，一言一行，都应是学生的榜样，所以对自己要求得十分严格。

杨震有个学生叫王密，后来做了官，当了山东县邑县(现在山东省昌邑县西北)的县令。此后不久，杨震被派到山东的东莱任太守，正好是王密的上司。上任途中，路过昌邑，就在那里住了一天。学生王密得知太守是自己当年的老师，喜出望外，当天晚上就带了重金前去拜访。

这天夜里杨震正在灯下读书，学生王密悄悄地走进房来。学生来看老师，自然是值得高兴的。杨震忙请他坐下，想好好叙说叙说。可是，那王密进屋后，就把一个沉甸甸的布包放在桌面上，顾不上跟老师说句话，打开布包露出了黄灿灿的金元宝，杨震一看，眉头紧皱，问："这是干什么？"王密说："这是我对先生的一片心意，请先生收下。"杨震执意不收，王密急了，说道："现在是夜里，无人知晓。"杨震一听，感到受了莫大的污辱。怎么能干这种事？这时他才明白王密的来意——在自己管辖的范围内当官，这分明是行贿讨好，拉关系，求照顾呀！杨震气愤极了，立刻拍案而起，厉声地把王密轰了出去。

杨震就是这样，当官多年，仍像以前那样从不收礼，一直过着粗茶淡饭的俭朴日子。他不仅这样要求自己，也同样要儿孙们照着他的样子去做。他总是这样对孩子们说："我给你们留下的家产，就是我这个清官的品质！"

是仪一生节俭

民奢示之以俭，民俭示之以礼。

——桓宽《盐铁论·救匮》

赤壁之战以后，三国鼎立的局面基本形成。当时，在孙权执掌大权的吴国，有一个专管国家机要的骑都尉，名叫是仪，是一个文武并蓄、德才兼备的官员。

是仪原本姓"氏"，叫"氏仪"，大文豪孔融说"氏"字是"民"无上，不吉利，建议他改为姓"是"。于是，"氏仪"改为"是仪"。是仪前后做官半个世纪，从县吏到公卿、封侯。但他从未置过任何产业，不接受额外赏赐和别人的馈赠，一辈子过着极为俭朴的生活，他布衣素食，从不追求精美华丽的服饰和味香色佳的菜肴，更谈不上有粉黛附珠之妾和珍宝玉器了。他省吃俭用，把剩余钱粮都接济了贫困的乡邻。

是仪廉于自身、固守清俭的行为，受到当地人的尊敬，大家交口称赞。人们一传十，十传百，不久传到了孙权那里。起初，孙权并不太相信，因为在东吴时期，原来南方的土著士族和北方南徙的世家大族争相掠夺土地和人口，攀比排场，使奢侈之风日益兴盛，有的人身居高官，不思政务，却挖空心思搜刮财物；有的士族甚至积谷万仓，妻妾成群，婢女盈房，用粮肉喂犬马。孙权想：是仪固然可能没有田产，但到底会不会像朝野上下所赞誉的那样俭朴呢？为了证实传闻，他决定去是仪家看个究竟。

这一天，孙权连个招呼都不打，就驾车专程来到了是仪家，只见他的屋舍简陋窄小，年久失修显得破旧，屋内光线昏暗，全然不像个朝廷重臣的宅第。过了一会儿，正巧是仪家开饭，孙权坚持要亲眼看看是仪家平时的饮食，端上来的是粗米饭和简单的蔬菜，亲口尝一尝，味道很一般。孙权叹息不已，连声说道："想不到你为官数十载，身为朝廷股肱，竟吃得这么差，住得这么寒酸，耳闻目睹，可敬可佩！"说罢，孙权吩咐增加是仪的俸禄，并额外赏赐给他田产和住宅。是仪执意不肯接受，一再辞谢道："臣一生俭节，粗茶淡饮足矣。"孙权只得作罢。

从那以后，孙权对是仪倍加尊重。有一年，他外出巡视，又路过是仪家附近，忽见一幢壮观的新宅大院，外表修饰得富丽堂皇，在一片低矮的旧宅中十分引人注目，他问左右："这是谁家的新宅，如此富丽？"侍从中有人根据方位随口答道："好像是是仪家。"孙权连连摇头，说道："是仪简朴过人，堪称廉洁奉公的楷模，肯定不是他家营建的新房。"结果，一经查问，果然不是。

是仪一生勤勉、公不存私、清心寡欲的高风亮节，一直保持到生命最后一息。临终前，他留下遗言："死后只穿平常衣服入殓，薄棺素身，无须髹漆装饰，丧事杜绝奢华，一切务必从俭。"按照是仪的遗愿，子女亲友们从简办了丧事，是仪的美德也一代一代流传下来。

刘晏雪中吃烧饼

> 天将与之，必先苦之；天将毁之，必先累之。
>
> ——刘向

刘晏（约 716—780），字士安，曹州南华（今东明县）人。历任吏部尚书同平章事、领度支、铸钱、盐铁等职，是唐代著名的理财家。刘晏7岁举“神童”,8岁时唐玄宗封泰山,因献《颂》,授太子正字。据《东明县志》记载,刘晏10岁那年,“一日玄宗御驾勤政楼,大张鼓乐百妓,罗列教坊,有王大娘者,能戴百尺竿,竿施木山状,瀛洲方丈,令小儿持绛节出入歌舞”。这时刘晏被唐玄宗诏于楼中,“使贵妃施粉黛如巾栉”,打扮停当,玄宗目视刘晏发问,“正字,正得几字?”刘晏答道:“天下字皆正,唯有朋字未有正得。”此话一语双关,不仅说出了“朋”字的字形结构特点,还寓意深刻地指出了朋党相互勾结的时弊,真不愧是风趣的字谏。接着贵妃又让刘晏针对勤政楼下百戏争新和王大娘头戴百尺竹竿的精湛表演作诗。刘晏应声吟道:“楼前百戏竞争新,唯有长竿妙入神,谁谓绮罗翻有力,尤自嫌轻更着人。”博得了唐玄宗、杨贵妃和嫔妃等人的一片赞颂。为此,唐玄宗赏赐了刘晏一制象牙笏和一领黄纹袍。

刘晏少年时期十分勤学,少年时期才华横溢、名噪当时。宋代王应麟在他的《三字经》里写道:“唐刘晏,方七岁,举神童,作正字,彼虽幼,身己仕。尔幼学,勉而致,有为者,亦若是”,把他树立为当时青年才俊学习的榜样。

刘晏是唐朝著名的政治家,善于管理经济。他官至左仆射,是负责全国财政的大臣。

他手中虽然掌管着全国亿万钱财,而自己的生活却十分俭朴。他的马车是旧的,穿的衣服也很平常,几乎与普通百姓一样。

一年冬天,有一次他办完公务准备去上早朝,正赶上天下起了鹅毛大雪。五更时,街上的店铺燃起了香火,早饭的香味从一家家饮食店里飘逸出来。刘晏使劲地搓着冻僵了的双手,对车夫说:“找一家店铺,买一些早点充饥,然后再去上早朝。”

车夫答应着,将马车停在一家店铺前。刘晏走下车子,步入食杂店。他一看价格,比别的店贵,就转身退出店外。与车夫继续往前走,在一家价格便宜的烧饼铺前停了下来,他对车夫说;“你去买些烧饼,够我们两人吃的即可。”

车夫买来了热气腾腾的烧饼,刘晏急忙摘下帽子,将烧饼放在里面,然后,他和车夫一起站在雪地里吃起来。

几个也要上早朝的官员看到刘晏站在雪地里啃烧饼的样子,小声讥讽道:“刘晏身为国家大臣,太寒酸了”;“嘿,他怎么跟乡下佬似的!”刘晏听到了,毫不在意,说:“这烧饼真好吃!”

他的仆人听了人家的讥讽,心中愤愤不平,觉得脸上无光。刘晏却呵呵笑着说:“别被那些世俗的说法拉过去,个人要有主见。君子仁人从来就是讲求节俭的。一个人光讲奢侈,那才是真正丢了身份呢!”

车夫听了,点点头说:“老百姓还是赞成您的看法。”

刘晏的家位于闹市，居住环境杂乱。他的宅院无高楼亭阁，亦无奇花异草。因此，朋友们劝他换个地方重新修座庭院，也好风光风光，而刘晏却笑而不答，仍然住在原处。朋友们见他按兵不动，就暗地里为他找一块地皮。那里紧挨着朝中一些大臣的宅第。若在那里修建起豪华住宅，该是令人十分羡慕的。

地皮找好了，朋友们就告知他："我们实在看不过去，你的住处太差了。一个普通的官员都比你的宅第强，何况你是掌管全国财政的大臣呢！地皮都为你找好了，你就下决心修造新府第吧！"

刘晏想了想，说："感谢你们对我的关心，但修建豪华宅院，我刘晏是决不会干的。住宅能挡风御寒、住人休息也就可以了，不必去追求豪华。希望各位明白我的主张。"

李勣悯农爱粮

> 赖其力者生，不赖其力者不生。
>
> ——《墨子》

李勣(594—669)，本姓徐，名世勣，赐李姓，为避太宗讳，去"世"字，单名勣，字懋功，曹州离狐(今山东东南)人。他是唐初大将，任唐右武侯大将军、司空等职，曾被封为东海郡公、曹国公、英国公。

李勣官高位显，禄厚薪丰，却十分节俭，尤其以悯农爱粮著称。

一天，家乡一个年轻人到京都拜见他。

吃饭时，桌上只有几盘素菜和几个麦饼子。李勣谈笑风生，大口大口地吃着。年轻人呢，吃了几口菜，觉得味道清淡，就懒得伸筷子了。咬了几口饼子，觉得饼子很硬，就把饼皮撕下来，偷偷扔在地下。

年轻人的举动被李勣看见了，心里很不高兴，便对年轻人说："年轻人，我想向你请教一个问题！"年轻人道："您老识多见广，何言请教？您有什么话只管说吧！"

李勣说："我自幼家富，不知这饼子是怎么来的。你生在农村，一定熟悉，能讲给我听听吗？"年轻人回答："这很简单，经过犁、耙、种、锄、收、打，便可得到麦粒；再将麦粒磨粉，就可得到面；再将面用水和，上锅烙，便可得到饼子。"

李勣捋着胡子笑着说："哈哈，你说得不错。可是，这犁、耙、种、锄、收、打，还有磨、和、烙，就像你嘴说那么简单吗？锄，得头顶烈日，脚踏灼土，大汗淋漓，嗓子冒烟！还得浇水吧，那可要吱呀呀，吱呀呀，不停地摇辘轳，从早摇到太阳下山，摇得腰酸背痛手又麻。年轻人，你没干过这些活吧？"

年轻人回答："我父亲从不让我干

这些。”

李勣说：“怪不得你这样不珍惜粮食呢！”

年轻人听了，面红耳赤。李勣令仆人拾起扔在地上的饼皮，用水洗净拿来，一块块放在嘴里。他吃的是那么津津有味。吃完，他抹了一下嘴说：“谁知一颗麦粒，千分苦啊！”从此，年轻人改了旧习，李勣悯农爱粮的故事也被传为佳话。

柳宗元勤俭的一生

> 业精于勤荒于嬉，行成于思毁于随。
>
> ——韩愈

柳宗元(773—819)，字子厚，世称“柳河东”，因官终柳州刺史，又称“柳柳州”。唐代文学家、哲学家、散文家和思想家，与韩愈共同倡导唐代古文运动，并称为“韩柳”。刘禹锡与之并称“刘柳”。王维、孟浩然、韦应物与之并称“王孟韦柳”。与唐代的韩愈和宋代的欧阳修、苏轼、苏洵、苏辙、王安石、曾巩并称“唐宋八大家”。他祖籍河东(今山西省永济市)，汉族，唐代宗大历八年(773)出生于京都长安(今陕西省西安市)。

柳宗元体恤民生疾苦，一生勤劳节俭，特别是开发岭南、造福岭南人民的美德千古流芳。

柳宗元出身于官宦家庭，少有才名，早有大志。早年为考进士，文以辞采华丽为工。贞元九年(793)中进士，十四年登博学鸿词科，授集贤殿正字。一度为蓝田尉，后入朝为官，积极参与王叔文集团政治革新，迁礼部员外郎。永贞元年(805)9月，革新失败，贬邵州刺史，11月柳宗元加贬永州司马(任所在今湖南省永州市零陵区)，在此期间，写下了著名的《永州八记》(《始得西山宴游记》、《钴姆潭记》、《钴姆潭西小丘记》、《小石潭记》、《袁家渴记》、《石渠记》、《石涧记》、《小石城山记》)。元和十年(815)春回京师，又出为柳州刺史，政绩卓著。宪宗元和十四年十一月初八(819年11月28日)卒于柳州任所。柳宗元交游甚广，刘禹锡、白居易都是他的好友。

唐宪宗时期，已经43岁的柳宗元再度遭受打击，被贬到荒凉辽远的广西柳州做刺史。当时的柳州，古树参天，杂草丛生，毒蛇猛兽，比比皆是。生活在这里的壮族百姓，生产力低下，文化落后，迷信活动盛行，生活极端贫困。柳宗元上任后，一面改革落后习俗，一面带领百姓，勤耕垄亩，发展生产。

当时的柳州，荒地很多。柳宗元就组织闲散劳力去开垦。他教人们在被开垦的土地上种菜，种稻，种竹，种树。仅大云寺一处就种竹三万竿，开垦菜地百畦。他很重视植树造林，自己还亲自在柳江边上栽柳树，到柳州城西北种甘树。

柳宗元除亲自动手种植中草药，还亲自采药、晒药、制药、研究药的功效，常常用自己做试验，认识药性和药效，向人们宣传防病治病的知识。

当时，柳州民间流传着“三川九漏”的说法，柳州人不敢破土打井，因此，人们不得不用各种器皿去背江水饮用，路途遥远，十分艰难。柳宗元动员百姓破除迷信，并亲自动手带领大家破土打井，从那以后，柳州人才吃上自己打的井水。在柳宗元的教化下，柳州人还学会了养鸡养鱼修造船只等本领。柳州改变了落后面貌，出现了人人劳作，勤耕垄亩，宅有新屋，步有新船的新景象。

柳宗元做柳州刺史 4 年，一心恤民奉公，自己生活却很凄苦。虽为一州之长，但死后却无钱料理丧事，还是朋友相助，才得以归葬先人之墓。

为了怀念这位刺史，柳州人民为他在罗池立庙，奉他为“罗池之神”。这庙至今还矗立在柳州市的柳侯公园里。

苏东坡节俭成习

> 天下事，常成于困约，而败于奢靡。
>
> ——陆游

苏轼(1037—1101)，字子瞻，又字和仲，号“东坡居士”，世人称其为“苏东坡”。北宋著名文学家、书画家、诗人，豪放派词人代表。汉族，眉州(今四川眉山，北宋时为眉山城)人，祖籍栾城。史书记载，苏轼身高 1.86 米，为人豁达心胸宽广。苏轼是苏洵的次子，嘉祐二年(1057 年)与弟苏辙同登进士。授大理评事，签书凤翔府判官。

苏轼作为文学家、艺术家，苏轼的成就是辉煌的，他从很年轻的时候就在文学及艺术力面表现出了极高的造诣，同时，也取得了相当丰硕的成果。

然而，作为政治家来说，苏东坡却一生不得志。他 21 岁中进士，开始了仕宦生涯后，前后共做了 40 年的官。但是，在这 40 年中，苏东坡政治上总是受到打击，他曾许多次被贬官、流放。有一回还被抓起来，押到首都汴京治罪。他在晚年还曾被放逐到遥远的广东、广西一带去当小官吏，直到死前半年才被赦回。

坎坷的经历，使苏东坡对社会下层有了更加深刻的了解，同时也使他对封建社会的黑暗看得更清楚。也正因为这样，苏东坡一生，无论是位居高官，还是遭贬放逐，始终追求做人的廉洁正直。

苏东坡在生活方面，坚决反对铺张浪费。他在给友人的一封信中说：“口体之欲，何穷之有？每加节约，亦是惜福延寿之道。”这段话的意思是说：肉体上的欲望是没有限度的；然而如果能注意生活节俭，那也算是真正找到了延年益寿的道路。由此，我们可以看到苏东玻对节俭是相当重视的。

公元1080年，苏东坡被降职贬官，来到黄州。由于他薪律大减；再加上遭贬后，旧日那些常来往的亲朋好友，都怕受牵连，再不愿与他来往，更不愿资助他钱财；他的弟弟苏辙又债台高筑；所以，当时苏东坡生活是相当窘迫的。然而，这并没有吓倒苏东坡，他依靠节俭的生活方式最终渡过了难关。

为了渡过困境，苏东坡非常注意计划开支，从不乱花一分钱。为此，他还订出了一套特殊的计划开支的方法。这种方法是：首先把所有的收入和手边的钱计算出来，然后将这些钱平均分成12份，每月用一份；每份中又平均分成30份，每日只许用一份。这些钱全部分好后，苏东坡把它们统统按份挂在屋梁上，然后每日清晨挑下一包。拿到一包钱后还要计划开支，能不买的就不买，一日下来，最终开支只准剩余，不准超支。剩余下的钱，苏东坡把它们专放到一个另外备好的竹筒中，专门用于家中的意外开支。

这样，日子虽苦，但清苦中倒也自得其乐，他在给好友秦少游的信中，谈到自己在黄州每日计划开支、艰难度日的清苦情境时说："我估计手中的钱还可支持一年有余，到那时再作计划；水到渠成，不须预虑。因此胸中没什么负担。"

苏东坡就是这样，凭着精打细算的节俭生活方式，度过了黄州遭贬后的艰难岁月。

生活在困顿的时候，苏东坡能以节俭度日，生活发生了变化后，苏东坡一样非常注重节俭。他在朝廷中作高官的时候，依然没有忘记过去过的苦日子，生活从不讲究奢华。在饮食上，他给自己立下了这样一个规定：每顿饭只能是一饭一菜，如有客人来需同他一起进餐时，也只能增加两个菜，不能再多。如果有人请他去吃饭，他也要事先告诉主人：不许铺排，否则，他就拒绝前往。

一次，有一位与苏东坡多年不见的老友，在一个偶然的场合见到了苏东坡。旧友重逢，自然十分高兴。于是，那位朋友便想找个适当的时候，请苏东坡去他家吃饭。苏东坡听说后，一再嘱咐那位朋友，千万不可大操大办、追求排场，只比平时多备几个菜，老友在一起边吃边叙叙友情就可以了。

可是，几天以后，当苏东坡去赴宴时，却发现那位朋友并没有听他事先的劝告，酒席准备得相当奢华。这时，苏东坡很不客气地对他的朋友说："老兄看来并不真正了解我苏东坡；我一向主张厉行节约，你酒席备得这样奢华、排场，看来根本不是为我苏东坡所备。如此看来，我还是离开的好。"说完，他转身便要告辞。

那位老朋友见东坡这样认真，便

解释说："先生说哪里话，先生一向生活节俭，朋友是早就知道的。但这回是例外，我们两位旧友，这么长时间没有相见，今偶得重逢，实在难得，难道不该好好庆贺一番。再说，先生现在正在朝中任职，是场面中的人物，我请先生，若太寒酸了，岂不太失先生身份。所以……"

"所以什么？"苏东坡没等那位朋友再往下说，抢过话头说道："是朋友相聚，就该像朋友那样彼此随便、自然些，不必讲什么排场。现在你让我坐在这些山珍海味面前，一改素日节俭自约的习惯，我哪里还能吃得下去啊？我虽然在朝中做官，但做官并不意味着可以不节俭。相反，官位高了，更应该注意自律。"说完，他硬是坚持不入宴。

苏东坡走后，他的朋友感慨地说："当年东坡遭难时，生活很节俭。没想到如今他身居高位后，还这样注意以俭自守，看来东坡已经节俭成习了。"

苏东坡不但自己十分注意生活俭朴，还十分注意用节俭要求他的亲人。他有一位正在做高官的远亲，生活极为奢华。单是起居时"小洗面"，就要有两个人专门侍候；若是"大洗面"，侍候的人则要增至5人，如果是"大澡浴"呢，则要有9个人服侍。并且，"澡浴"之后，还要用名贵的药膏擦身，用异香薰烤衣服。这人生活如此奢侈，自己不以为耻，反以为是值得荣耀的事情。一次，他在给苏东坡写信时，不厌其烦地夸耀他的"养身乐道"。东坡看后，非常厌恶。他在给这位远亲回信时，只简单地写了一个字"俭"。希望他能在一个"俭"字面前有所醒悟，改掉奢华的习气。

苏东坡在朝廷做官时，曾三次担任哲宗皇帝的侍读。其间，他也常向皇帝进言，讲述以俭治国的道理。他曾把古来君主成功的经验总结为"六事"，基中的一事即为："讲节俭，简率朴素，不伤民财。"宋神宗时，有一年皇帝颁旨，要大办元宵节并要用"浙灯"4 000盏。东坡感到：当时国库已亏空，民不聊生。神宗这样做是劳民伤财，且会助长社会上追求奢华之风。于是，他连夜起草奏章——《谏买浙灯状》，使神宗终于改变了初衷。节约的反面就是浪费。而在人与人之间的相互来往，尤其是好朋友们相聚时，浪费的主要根源是由大讲排场所致。讲排场是一种很不好的陋习，苏东坡的做法和观点在今天看来也是要提倡的。我们有时也经常会发现，几个好朋友相遇在一起，到饭店里大吃一顿，摆摆阔气，三五个人上了一桌，似乎觉得只有这样才会身价倍增，才会令朋友对自己另眼相看。至于花多少钱？能否吃掉？根本不去考虑。请大家想想。这样做何谈节俭？相反，只能使奢侈的风气得到蔓延，于人对己都不利。

范质戒奢

> 忧劳可以兴国，逸豫可以亡身。
>
> ——欧阳修

宋代有位宰相名叫范质，身居高位，但生活十分节俭。

范质(911～964)，五代后周和北宋初大臣，字文素，大名宗城(今河北威县)范家营人。生于五代后梁乾化元年(911年)，历经后梁、后唐、后晋、后汉、后周、北宋六朝，五朝为官，两朝为相。

范质于后唐明宗长兴四年登进士第。授忠武军节度推官，迁封丘令。后晋高祖天福间，宰相桑维翰奏为监察御史，随桑维翰为泰宁、晋昌节度从事。出帝天福八年3月，桑维翰入为侍中，荐其为主客员外郎、直史馆。开运元年6月，为翰林学士。二年6月，加比部郎中、知制诰。后晋亡，为草降表。后汉初，加中书舍人。隐帝乾祐元年4月，为户部侍郎。后周初为枢密副使。太祖广顺元年2月，为兵部侍郎。6月，为中书侍郎、同平章事。后周时任宰相9年，先后进位左仆射、门下侍郎、司徒等。周世宗临终时，受顾命辅佐恭帝。恭帝时，封肖国公。陈桥兵变后，率百僚降宋太祖。入宋仍为宰相。乾德二年正月，罢为太子太傅。9月，卒，年五十四。

他身上的衣服是旧的，只要不破，干净就行；他的饭食也十分简朴，从不八大盘七大碗地摆阔，只要够吃就行；他用的物品，更是简朴得令人难以置信。

有一次他病了，皇帝宋太祖赵匡胤亲临大驾，前往探望。按理说，皇帝来了，应该盛情款待，用家里最好的精品才好，可是范质家里找不到一件精致的物品，请皇上喝茶的好杯子也没有。范质用的茶具是粗瓷杯盘。皇帝看到粗瓷杯盘，立即皱了皱眉，心中很不高兴，暗想，他是朝中一品高官，怎能如此穷酸？

以后，皇帝又去了几次，细心观察，发现范质睡的是硬板床，床上铺的是旧棉被，其他家具也是旧的。皇帝心想，这哪里是宰相的家啊！

皇帝回去后，就派人送去了雕花大床，鸭绒被褥和精美的茶具等。

不久，皇帝再去时，看到范质仍旧使用粗瓷杯盘，仍旧睡硬板床和旧棉被。皇帝便疑惑不解地问："爱卿身为宰相，何必这样同自己过不去呢？"范质微微一笑，拱手回答道："陛下给我那么多俸禄，岂能置办不起好家具？只是为臣倘若摆设豪华，过分奢侈，那么，来访的大小官吏便会一一效仿，这样，岂不带坏了朝野风气，成为千古罪人？"皇帝听了连声叫好，称赞他："身居高位，不为自己置办财产，是真正的宰相啊！"范质戒奢以俭的道德情操成为一代风范。

王沂公荣归避迎送

俭则足用，俭则寡求，俭则可以成家，俭则可以立身。
——《古今图书集成·家范典》

宋朝时，青州府的王沂公自幼好学，聪颖过人，待人诚恳。他十年苦读后，终于考中了进士，继而又被点中状元。

王沂公夺魁的消息很快传遍了京城内外，认识或不认识的人都纷纷前来祝贺。王沂公此时最思念的是故乡，是父母。不久，朝廷允许他回乡探亲。于是，他匆匆告别了汴京城，踏上返回故乡的旅途。

经过几天日夜兼程，终于在一个阳光明媚的日子进入青州地界。王沂公正欣赏着家乡美景，忽然，一阵热闹的鼓乐声伴着清风传来。王沂公驻马观看，只见大路不远处的一个岔道口上，聚集着一群人，他们有的在吹吹打打，有的在燃放鞭炮，有的在摆桌倒茶……

"他们在干什么？"王沂公轻声问一个过路人。过路人说："客官，您不知道吗？青州府出了个状元，名叫王沂公。他们是知府大人派来的，在此等候迎接状元荣归故里。"

王沂公点了点头，一边感到高兴，一边又隐隐感到不安。他想：我寒窗苦读，是为了能为国为民做些事业，现在刚中了状元，贡献尚无，就惊动地方，实在不好。今日迎我，我若前去，必定会使地方更加兴师动众，惊扰乡里。这样铺张浪费，实在不可。

他打定主意，掉转马头，从小路前行。他边走边想，今后为官，务要注意节俭清廉。想到此处，他觉得自己穿朝服，跨大马，必然会被人认出来。一旦认出，实难遮掩。消息会不胫而走，到那时自己想回避铺张浪费的迎送都困难了。于是，王沂公停下来，脱了官服，找了一头毛驴代替高头大马，然后又上路了。

进了青州城，王沂公径直去见知府。来到知府官邸，只见门里门外十分热闹。上下人都在忙碌。他不用问，一猜便知他们是为迎接状元公在忙碌。他皱起眉头，叹了口气说："小小状元尚且如此，来了上司或朝廷官员，肯定更要铺张，此风断不可长。"

门人通报以后，知府大吃一惊，忙迎了出来。他望着便服装束的王沂公说："这是怎么回事？状元公怎么独自到了？听说您荣归故里，我已派人在路上恭候，现在，怎么就您一个人啊？"

王沂公笑着说："晚生承蒙乡亲支持，皇上恩德，侥幸中了状元，既无功，又未为家乡出力，怎敢劳动各位，惊动乡亲呢！"

知府摇头说："话虽这样讲，但状元荣归，理当迎候庆祝，这是历来规矩，区区小事，您不必有什么顾虑和不安。"

王沂公也摇了摇头，说："大人的话，晚生不敢苟同。晚生以为，不必要的事，就不要去做，更不可虚夸，不能铺张浪费。谢谢大人的好心，但晚生实不敢当，也打心眼儿里不同意这样做。”说罢，王沂公便向知府告辞，回家拜见父母了。

海瑞为人正直节俭

> 惟俭可以惜福，惟俭可以养廉。
>
> ——清·钱泳《履园丛话·安安先生》

海瑞(1514～1587)，明代著名政治家。海南琼山人，字汝贤、国开，自号刚峰，后人称其为“海青天”，与宋代包拯齐名。其民族有争议，海瑞可能是汉族穆斯林也可能是回族人。祖上从福建晋江坋边(广西杂志有载)迁居海南琼山海厝。他自幼攻读诗书经传，博学多才，嘉靖二十八年(1550年)中举。初任福建南平教谕，后升浙江淳安和江西兴国知县，海瑞是我国历史上的著名清官。推行清丈、平赋税，并屡平冤假错案，打击贪官污吏，深得民心。嘉靖四十一年(1562年)，以罢官抗逆显于后世的明代廉吏海瑞任诸暨知县；嘉靖四十五年(1566年)任户部云南司主事，上书批评世宗迷信巫术，生活奢华，不理朝政等弊端；同年，户部主事海瑞买棺材，别妻子，散童仆，以死上疏，劝说世宗不要相信陶仲文这班方士的骗术，应整理朝政，因而激怒世宗，诏命下狱论死，遭迫害入狱。首辅徐阶力救海瑞，黄光升则把海瑞上书比拟儿子骂父，以减轻罪责，并乘机把海瑞留在狱中，直至同年12月世宗驾崩，穆宗即位，才奏请释放海瑞出狱。世宗死后海瑞获释。

他对家人说：“我的薪俸不高，家中人口又多，一定不可浪费。饭食清淡一些，不要经常买肉。”

有一天，因为海瑞的母亲过生日，他家仆人才破例一次买了2斤肉。

作为县令，送礼行贿者大有人在。海瑞一概拒之门外，也严禁下属贪赃枉法。有些好心人见他日子过得节俭清贫，就时常送些蔬菜之类，海瑞发现后及时退回。他在衙门的空地上开垦了一片菜地，种上了新鲜蔬菜。

为了节省开支，他让家人闲暇时都上山砍柴。

1569年海瑞升任右佥都御史、钦差总督粮道巡抚应天十府。这个职务权力很大，地位显赫，每次出巡，按朝廷规定，前有鼓乐引导，后有护卫，左右有旌旗官牌，三班六役，前呼后拥，十分威风。海瑞看不惯这一套劳民伤财的制度，很想废除它。于是，他下令，每次出巡，不再用鼓乐仪仗，也不许当地官员出城迎送。

过去，地方上的官吏常常利用上司巡视，搜刮民财，翻建住房，新建馆所。为了杜绝这种现象，海瑞通知沿途各县，不要改建、新建房屋，也不许添置设备，就连房中用品也不必更换，因陋就简，有住的地方就可以了。

不久，海瑞再次出巡，第一个县是

他十分熟悉的地方。

到了县界，果然没有人迎接，住进驿馆，一切也都如旧时一样，没有添置新设备。海瑞对此感到很高兴。

知县送海瑞来到驿馆的正厅。海瑞曾多次来过这里。他习惯地站在堂前打量一下全室，然后坐在椅子上休息。陪同的人也都一一入座。海瑞刚要让县令汇报情况。突然，他觉得椅子有些不对劲。他伸手摸了摸椅子坐垫，心里明白了。他站起身，走到卧室去看。一看，卧室里的被褥，还有那椅子的椅垫都换成了崭新的绸面。

海瑞很生气地质问知县："三令五申，你怎么明知故犯。我明明记得那旧的绸面并不破旧，为何更换？"

县令面带愧色，说："下官想……"

海瑞大声呵斥说："想让我住得舒服？想让我高兴？对不？我不需要！我看到这些并不高兴！"

县令受到申斥，他并不委屈，只感到海瑞清廉刚正名不虚传。他忙说："我立即让人们换下，仍恢复原貌。下官一定记住大人的叮嘱。"

龚自珍不收水獭帽子

> 多求不如省费。
>
> ——宋·司马光《言招军札子》

龚自珍是清朝著名诗人，官至礼部主事，有较高的薪俸。可他却省吃俭用，从不铺张浪费，把省下的钱赠给街坊邻居中极贫困的人家。

一天，同僚们坐在一起，说起了北方冬日御寒之事。一位姓刘的官员指着自己的裘皮大衣问："你们猜猜看，我这件裘皮大衣值多少钱？"

几个人围了过去，一边查看，一边猜测。那姓刘的父亲是朝廷要员，家中钱财万贯，他是借此在炫耀自己，龚自珍感到十分鄙视。

然而，使他意想不到的是，那姓刘的竟走到他的面前，挑衅地问："主事大人，请问您的长袍是什么皮的？"

龚自珍衣着朴素，他根本没有什么皮袍子，身上穿的只是件棉袍。

龚自珍哼了一下，说："我不如你呀，我没有皮袍，只有棉袍子。"

那姓刘的哈哈大笑说："不，你说的不对，明明你有皮袍子嘛！"

龚自珍不耐烦了，瞪了他一眼，说："去去，我没有闲心与你扯皮！"

姓刘的说："对对，我不扯皮。我告诉大家吧，龚大人现在正攒钱买皮大衣！"

正说着，外边仆人来报告说："有人来找龚大人。"

龚自珍点头说："请他进来。"

不一会儿，进来一个人，穿着十分讲究。他自我介绍说："我是盛锡福衣帽店的老板。我喜欢您的诗，特来拜会。并给您带来一顶几十个商人凑钱买的水獭皮帽子，请您收下。"

龚自珍听了，连连摆手说："感谢

厚爱,水獭帽子我不能收,我是不穿皮袍子的,更不戴皮帽子。我不怕冷,光头走在路上,头脑清醒,不至于变成糊涂蛋,狂妄自大。”

老板诚恳地说:“帽子请您收下吧!”

龚自珍坚决地说:“我决不收。穿着好坏,并不能决定人的学问深浅。你们的心意我领了,但帽子请你带回去。”

最后,龚自珍终于谢绝了老板的馈赠。

老板走后,龚自珍对姓刘的同僚说:“你看到了吧,我既不想穿皮袍子,也不想戴皮帽子。”龚自珍的话使他感到十分尴尬,灰溜溜地走了。

有一次他的棉鞋破了,眼看不能穿了。夫人给他钱,想让他买双单鞋。可恰在此时,他的家乡杭州闹了灾害,龚自珍就把钱捐给了家乡。

他没有买来鞋,直到5月了,天气已暖,可他脚上仍然穿着那双破了的棉鞋。

宋庆龄的朴素生活

> 俭,德之共也;侈,恶之大也。
>
> ——《左传·庄公二十四年》

宋庆龄(1893—1981)于1893年1月27日诞生在上海一个牧师兼实业家的家庭。她的父亲作为孙中山的朋友和同志,是她的第一个启蒙老师。少年时代,她即负笈异域,在美国接受了“欧洲式的教育”,受到民主主义的洗礼。辛亥革命推翻了清朝专制统治,使她对祖国的独立、自由、民主和富强满怀憧憬。父亲源源寄来的书信与剪报资料,在她的心中与孙中山领导的革命事业架起了桥梁。然而,共和国在摇篮中被扼杀,革命的大潮已经消退,宋庆龄学成归国改革和建设祖国的抱负无由施展。她径直到流亡的革命党人集中的东京,不久即担任了孙中山的助手,开始了她长达70年的革命生涯。

宋庆龄是一个伟大而又平凡的人。尽管她地位那么高,声誉那样大,但她的生活是十分俭朴的。

宋庆龄的饮食很随便,从不挑食。除了举办宴席会见宾客。自己从不点菜。平时吃的菜很普通,一般是两菜一汤,一荤一素,就足了。有时菜做多了,一顿吃不了,她就嘱咐工作人员留着下顿再吃。宋庆龄最爱吃的是富有江南风味的雪里蕻咸菜。这种菜不太贵,每年上市时,她都要腌两大缸,可以吃很长时间。她还爱吃辣椒,许多菜都放上辣椒吃。她平时吃的是青菜,吃大锅菜。有时,工作人员单为她做的菜她不吃,却要吃工作人员用大锅做的粗菜粗饭。她不止一次地说:“我愿意吃青菜,青菜营养价值可高呢!鱼翅海参听听很了不起,其实吃吃也没有什么大不了。”

宋庆龄的房间陈设简朴而又整洁。她在上海的家中,卧室正面是个五斗橱,五斗橱上面挂着她和孙中山先生的合影。还有大立橱、梳妆台和一只沙发，再就是一张卧床了。卧室的对面是一只专门放置文房四宝的茶几，右边是一架古老的钢琴，还安置着一架英文打字机。她在北京的住房也很简单，宽敞的卧室里放着写字台、沙发等常用的几件家具，还有一架钢琴，看不到一点豪华排场的地方。

宋庆龄的服饰也是很简朴的。她头上常佩带的一种黑的发卡，不是乌金之类的贵东西，而是几分钱一个的钢发卡。她一直到逝世前还用的一套梳妆用具，都是出嫁时的陪嫁品。宋庆龄穿衣既讲究整洁，又爱惜服装。家里总是备有两套服装，在家时，穿普通衣服。遇到外事活动，或去会见客人，出门开会，才穿上质地好的衣服。宋庆龄穿的衣服大都是她和李燕娥等工作人员一起做的，样子自己设计，草图自己绘，几乎全是具有我国传统特点的女服样式。随着年龄大了，身体胖了，就把原来的衣服从腋下开个缝，接个边，加加肥，照样穿着。有一年，宋庆龄身边的工作人员见她常常深夜工作，怕她受了凉，提出要给她做一件御风寒的宵衣，她高兴地同意了，但没有拿出现成的布料来做，而是翻找出一些零零碎碎的普通布料和绸缎边角，用26块布拼凑了一件风衣。工作人员看见这五颜六色的风衣，风趣地称它“八卦衣”。宋庆龄也高兴地说：“别小看这八卦衣，披上它还挺御风寒呢！”

张澜先生廉洁二三事

> 惟敬可以胜怠，惟勤可以补拙，惟简可以养廉。
>
> ——张伯行

张澜先生是四川南充人，字表方，清末秀才。他一生廉洁，四川人民尊称他为“川北圣人”。

由于家里贫穷，小时候张澜先生很少穿鞋袜，无论在家干活还是下地劳动，都是赤脚而行。直到他23岁时应试科举，临行前他的母亲王太夫人特地为他做了一双布鞋。张澜先生拿着这双布鞋舍不得穿，只在应试那几天穿上，然后就脱下很细心地保存起来，以后逢年过节时才拿出穿一二日。

1915年张澜先生任嘉陵道（今四川南充地区）道尹，1917年北洋政府又任命他为四川省省长。虽然做了这么大的官，张澜先生的家依然在乡下，他的夫人刘慧征仍在家乡劳动：割草、放牛、养猪、种田。当时是军阀混战，天下大乱。反对北洋政府的军阀石青阳派兵到乡下去抄张澜先生的家，官兵们气势汹汹地破门而入，只见屋内空空如也，除了几件破旧家具，一件值钱的东西也没有。官兵们将屋里屋外翻了个底朝天，什么也没有抄到，只好空手回去向石青阳交差。石青阳听了官兵们的报告，感叹地说：“张澜川北圣人之名不虚也。”

新中国成立后，张澜先生任中央人民政府副主席；全国人大常委会副委员长、全国政协副主席，但他身居高位不忘俭朴。1949年10月1日举行开国大典，张澜先生着一身旧布长衫登上天安门。当时毛泽东主席笑道：“表老，你太俭朴了。现在你是国家副主席了，要参加一些活动，还是应该穿好些。”事后，中央人民政府政务院（现国务院）机关事务管理局给他送去了呢中山装和大衣，他舍不得穿，放在箱内长期妥善保存。在他去世后，家人遵他遗嘱将衣服还给了国家。

张澜先生住得也很简陋，新中国成立前他为官不置公馆，不买田地。新中国成立后，张澜先生住在北京复兴门内嘉祥里一中式四合院，政府准备花几万元修缮翻新，他都婉言谢绝了。在饮食方面，张澜先生也十分简单，粗茶淡饭足矣，80余载一直如此，即使待客也从不奢侈浪费。1954年3月，当时的四川省教育厅厅长、已故百岁老人张秀熟到北京参加全国文教工作会议，去张澜先生家做客，吃的也不过是川北的家乡小菜，有红白萝卜、腊肉、豆腐等。他感慨地说：“表老以中央政府副主席高位之尊，吃的不过是一般平民百姓的茶饭，我们就更应该艰苦朴素了。”

张澜先生一生为人清廉，克勤克俭，并写成《四勉一戒》教育子女：“人不可以不自爱，不可以不自修，不可以不自尊，不可以不自强，而断不可以自欺。”

徐悲鸿克己以俭

俭开福源，奢起贫兆。

——《魏书》

徐悲鸿先生是中国人民的杰出画家。他在艺术创造上勤练笃学的精神，足为大家模范，他的克己节俭也是大家的风范。

徐悲鸿先生为国家创造过巨大的财富，他曾经无数次慷慨地帮助了许多人，但是他对自己永远严格和节俭。在临逝世之前，他身上穿的只是一套洗得褪了色的灰布中山装和一双从旧货摊上买来的旧皮鞋。一块用了30多年的旧怀表，曾经日夜不停地伴随着他，度过了30多年艰难的岁月，直到他停止了呼吸，这块怀表也才停止了转动。

1943年，徐悲鸿在重庆中央图书馆举办个人画展，这次画展卖出的一部分画，所得的画款很多。他照例是帮助一些穷朋友、穷学生购买书籍字画。许多人来伸手借钱，他都慷慨地赠给。他年轻时的痛苦遭遇使他永远同情处于困境中的人。

徐悲鸿先生长期过着艰苦的生活，他在中国美术学院工作的时候，吃着集体伙食，和大家一起包饭，吃的常常是发霉的“平价米”，喝的是田地里的水。他只有一间不大的卧室兼画室，室内有一张充当画案的写字台。一张木床，一个书柜，两把藤椅，而且这些家具还都是未曾油漆过的。他在冬天总是穿一件蓝布棉袍，夏天穿着夏布衫，从不穿绸料衣服。有时，有重要的社会活动，才穿西服。他的自奉之俭，是令人难以想象的。

1946年，徐悲鸿和夫人来到北平。他们租住在东裱褙胡同22号的东西厢房里。房屋的主人住在北屋，他们有时邀人打麻将，打至深夜，夜阑人静之际，客人散去时，一片喧嚣，吵得徐悲鸿夫妇不能安眠。因此，徐悲鸿夫妇想租一个比较安静的住处。

一天，北平艺专一位总务科的职员告诉徐悲鸿夫妇，说有一处很安静的住房出租，地址在东四牌楼不远。他已去看过，觉得很适合他们夫妇住。于是，由他带领徐悲鸿夫妇一同去看房。像北京许多讲究的住宅一样，这座住宅有两扇朱红油漆的大门，大门两旁立着一对昂首的石狮子，显得气派恢宏。走进院内，房屋确实宽阔整洁，油饰一新，画栋雕梁，十分美观；院内植有花木，异常幽静。朝南的北屋宽大明朗，室内家具齐全，有雕花的嵌大理石红木书案，正是可作徐先生的画案；还有上等的席梦思弹簧床，式样新颖的沙发，色泽雅致的地毯，长垂及地的金丝绒窗帘，等等。房主人极愿意以较为低廉的房价出租，但是徐悲鸿先生回绝了。他的夫人惊讶地说："回绝了？这样好的房子你还觉得不行？"徐先生说："不是不好，是太好了，太富丽堂皇了，这不是我这样身份的人住的，我们应该有书生本色。"

后来，他们仍旧回到东裱褙胡同的房子里。直到这年年底，他们才租到小椿树胡同九号的一所普通的四合院房子，搬了进去。房屋陈旧，院子不大，院内仅有一棵小小的槐树，他们在这里住了将近一年。直到有一天院墙忽然倒坍，他们只好另觅住处，才搬到东受禄街16号。

东受禄的房子是徐悲鸿用卖画的钱买下来的。房屋并不十分宽敞，但院内有宽阔的空地。院内杂草丛生，一片荒芜。徐悲鸿夫妇搬进后，自己动手，铲除了杂草，种上了许多果树。还种了许多蔬菜。那些鲜红的番茄，碧绿的黄瓜、紫红色的苋菜和紫苏，既点缀了他们的院子，又成了他们餐桌上的美味。徐悲鸿先生在工作之余，常在院子里劳动，给那些果树苗和蔬菜浇水施肥……

徐悲鸿自奉之俭，是值得敬佩的。

齐白石勤劳俭朴

> 我是一个笨拙的学艺者，没有充分的天才，全凭苦学。
>
> ——梅兰芳

提起齐白石，人们都知道他是一位杰出的书画家，篆刻家。可是，人们并不一定知道他是木工出身，也不太清楚他的一生是怎样辛勤而忘我劳作的。

齐白石出生在湖南省湘潭县的一个贫农家庭，只读过半年书，因生活所迫不得不辍学，在家里放牛砍柴。

他从小就特别勤劳，每天天一亮就把牛赶到山上，然后再去砍柴，日落以后才赶着牛，牛背上驮着很多柴回家。他 15 岁开始学做木工，16 岁从师改学雕花细木工，出外当雇工做活。他给人家干活，从来不偷懒。每天早早上工，别人休息了，他也不闲着。由于他的勤劳，师傅很喜欢他。把最好的手艺都传给他。这为齐白石后来成为篆刻家打下了坚实基础。

齐白石不仅勤劳，而且非常节俭。他把做工的额外收入都攒起来，不是该用的地方，从不乱花。他从小就喜爱画画，可是，家里没有余钱为他买纸，他就到处收集旧账簿和写过字的纸来习画。有一年，齐白石在一个雇主家干活，无意中看到一部《芥子园画谱》，这是一部乾隆年间翻刻的，用五彩套印的画谱。齐白石见到画谱，就像发现了盖世稀宝，很想把它勾影下来。可是又不能用写过字的纸。于是，他狠了狠心用做工赚下的钱买了纸和笔。然后整夜整夜地趴在桌上，很仔细，很谨慎地照着画谱进行临摹，生怕浪费纸张。

齐白石一生勤劳、奋进、艰苦攀登。他自学绘画直到成为名家的 70 年中，几乎每天都坚持握笔画画、篆刻，即使因故间隔了一天，次日他必定要补上。在 85 岁那年，有一天他连续画了四张条幅，已经到吃饭的时候了，他又挥笔作了一幅画，还在画上题字：“昨日大风，心绪不宁，不曾作画，今朝至此补之，不教日闲过也”。

齐白石一生只有三次间断过画画。第一次是 62 岁时他害了场大病，7 天 7 夜起不了床；第二次是 64 岁时，由于母亲去世，他悲恸万分，几天没有画画；第三次是他 95 岁时，也是因为自己生病，不能起床作画。三次间断的时间加起来只不过一个多月。据不完全统计，齐白石一生作画有 4 万多幅，写诗千首，治印 3 000 多方。1953 年，齐白石已是 90 余岁高龄了，就这一年，他还画了 600 多幅画，差不多平均每天作画二幅。

他每天不仅作画，还做户外劳动。他为了作画的方便。亲手种植花木，饲养虫鸟。每天早早起来浇花、喂鸟，风雨无阻，昼夜不停。有时候，他出外写生很晚归来，也不顾疲劳还去照看那些花木、鸟虫。

齐白石毕生奋斗，“从不教一日闲过”，真不愧是“人民艺术家”啊！

勤俭治家

QIN JIAN ZHI JIA

第五伦以俭治家

恭者不侮人，节俭者不夺人。

——《孟子·离娄上》

东汉时，有一位颇受人们拥戴的地方官，他的名字叫第五伦。第五，是当时的复姓。

这年寒冬的一天，阴霾密布，朔风凛冽。在一条通往京都的大路，人群拥挤不堪。密集的人群中，一辆载有钦犯的囚车，缓慢地向前走着。这囚车中，被押解的犯人，不是别人，就是第五伦。原来，此时第五伦被朝中奸臣诬告犯了贪赃罪。朝中的司法官不善明察，竟听信小人之辞，将第五伦定了罪，并下令押往京都执法。

第五伦蒙受不白之冤的消息传出后，数日来，不少人纷纷奔向街头阻留囚车。他们中，有人大胆地去拉囚车马缰，并愤怒地喊道："不许随意冤枉好人！"也有的团团围住押解囚车的官员，向他一遍遍地说："第五大人可是好人！"由于沿途人群的阻截，押解第五伦的囚车一日只能走数里路，押解官没法，只好改走水路，押第五伦乘船去京都。但第五伦被押至京都后，京都又有千余人为他伸冤，最后，此事终于惊动当朝皇帝汉明帝。汉明帝亲自查阅了为第五伦判罪的有关卷宗，发现其中有诈，于是亲自下诏书：将第五伦无罪释放。

第五伦为什么会在百姓中有那么高的威望呢？原来，第五伦为官一向廉洁清正。平时总能更多地去替百姓着想。他当太守时，朝廷每年要发给他两千石俸禄，第五伦见百姓中有不少人生活十分窘困，于是，他领取到俸粮后，除留出自己家人食用的外，其他都以低价卖给贫困百姓。也正因为这样，第五伦在百姓中威望很高。

第五伦为官不骄不奢，不但注意自身生活俭朴，而且在持家方面，也十分注意以俭治家。

他为官时间较长，光武帝刘秀时期，他就已经出任太守，以后，汉明帝时他依然为官，汉章帝时，他又被皇帝赏识，调至朝中任司空。按理说，第五伦做官时间长，领取朝廷的俸禄一直很高，他家里的人也该多少沾点光，享受些清福。可第五伦对家人要求很严格。他不仅平时不许他的子女穿绸衣，就连他的妻子，平时也只穿粗布衣裙。别的有钱人家，整日花天酒地，奴仆前后一大群，可第五伦家，平日里粗茶淡饭，家中除了雇一两个干重活、粗活的仆人外，家中烧饭、洗菜、缝纫等一大堆家务，都是由第五伦妻子一人承当。

一次，第五伦的一个远亲携家眷从外地来探望第五伦。那位远亲的夫人听说第五伦长年为官，心想，到第五伦家后一定可大开眼界。没想到，当他们跨进第五伦家后，先见到的是极简朴的住宅，宅内设置一切平平，家具也极普通，有的已很破旧。更令远亲奇怪的是，他们与男主人寒暄了半天后，也不见第五伦的妻子出来会客。当这位远亲的夫人提出要见见第五伦妻子时，第五伦连忙抱歉地说："夫人正在厨房中忙着备午餐，请稍候片刻，夫人马上出来会客。"说完. 忙叫仆人去厨房催促夫人。

这位远亲和他的家眷，听说第五伦的妻子亲自下厨房，自己做饭，大为不解。那远亲的夫人皱着眉头说："真没听说过太守的夫人要亲自下厨房，亲自做饭，这和下等人还有什么区别了呢?"那位远亲也以责怪的口吻对第五伦说："太守持家过于俭朴了，像做饭这样的事情，让夫人亲自去做，也太失身份了。"

第五伦听了这些话后，不以为然地笑着说："平常百姓人家的妇人，除了做饭，还要做那么多粗活，我们这样已比普通人家生活高出了许多。如果持家不俭朴，养成浪费奢侈的坏习惯。人变懒了，家风坏了，那才真是太失身份了呢!"

第五伦在家中，不但让妻子、儿女常做些家务，他自己一有空闲，也常常动手干些力气活。

一次，属下的县里来了位年轻的新官，新官上任，当然要去拜访太守大人第五伦。一天傍晚，这位年轻人特意将自己打扮一番，毕恭毕敬地到第五伦府上拜访。

一进第五伦家，年轻人先遇见了一位衣着简朴的老妇人。年轻人没多想，开口就冲老妇人说："请禀告你家主人，有客来!"说完，那年轻人便一屁股坐在椅子上，等着那妇人去回禀。

那妇人听了年轻人的话后，没有马上离开屋子，而是上下打量了一番来客，然后用和蔼的语调询问道："请问官人是不是新来的，老身怎么没见过您?"说着，她为年轻人递上茶，并在年轻人身旁坐了下来。

那年轻人见眼前这妇人不去禀报

主人，却多嘴多舌乱询问，居然还坐了下来，心里有些不耐烦。他没有回答老妇人的询问，很不礼貌地又说了一遍："请快去禀告一下你家主人，说有客!"

那妇人正要说什么，第五伦最小的儿子第五颉在这时从外面兴冲冲地跑了进来，他一进门，便对着那妇人询问道："娘，来客了?"这时，那年轻人才知道，原来眼前这位衣着朴素的妇人，便是第五伦的妻子。年轻人想想方才自己对第五伦夫人不礼貌的态度，心中好不自在。

第五伦的妻子倒不注意这些，她告诉客人："太守不在家。他吃完饭，便和仆人去后山割草去了。"年轻人听了这妇人的话，先是满脸愕然，继而他不相信地问道："仆人去割草，为什么太守大人还要跟去呢?"

这时，第五伦的儿子第五颉抢先答道："叔叔不要见怪，家父常去割草，好用来喂马。叔叔如果有急事，我去后山唤回父亲就是了。"

年轻人见第五颉这样说，忙起身答道："不必了! 我改日再来府上拜访!"说完便起身离开了第五伦家。

年轻人离开第五伦家后，还是觉得太守大人亲自割草喂马，这事的确有些稀奇。于是便没有回府，绕道去了第五伦家后山，想亲自去看个究竟。当他来到后山时，见第五伦正高挽衣袖，背上背着一大捆青草，和仆人正准备回府呢。年轻人见到此景，非常激动。以后，他常向别人介绍第五伦勤俭治家的家风。

第五伦活了 80 多岁，由于他居官不忘俭，坚持以俭治家，所以后来他儿子第五颉、曾孙第五种都先后做了官，而他家清正廉洁的门风也代代相传，一直没有变。

勤俭治家是自古倡导的一种美德。第五伦的故事告诉我们，人不应当随着地位的变化和生活条件的改善而忘记勤俭治家的原则。任何时代的家庭生活都应如此：勤奋带来节约，俭朴能避免奢侈，这样，家风才会正，才会使子孙成材。

曹操怒杀儿媳

> 节俭朴素，人之美德；奢侈华丽，人之大恶。
>
> ——薛瑄

提起三国时代的曹操，我们很容易就联想起《三国演义》中那个狡诈的奸雄，更会想到戏台上那个画着白脸的奸臣，但这并不是历史上曹操的真实面目。其实，曹操是个很有本事的人，至少是个英雄。

曹操杰出的才能，不仅表现在文韬武略方面，在节俭治家方面，也表现出了非同一般的远见卓识。

曹操生活于东汉末年，亲身经历了由于统治阶级荒淫无度和腐败无能所导致的社会动荡。因此，曹操历来都很讲究朴素节俭，他不仅自己穿打补丁的衣服，而且也命令家里人不准铺张奢华。他曾经明确规定：家人不得穿五颜六色的衣服，不准穿漂亮的绣花鞋。他还规定：家人所居住的房屋一律不准用香熏。后来，他的女儿在嫁给汉献帝的时候，虽然没有违反他的规定，只是用香熏了一下被子和衣服，也使得他很不高兴，并因此郑重地作出了补充规定：家人所居住的房屋如果不干净，必须熏一下的话，也不准用香，只能用枫胶或蕙草代替一下就行了。由于曹操的严格要求，很长时间，家中所有的人的衣服都没有用锦绣做的，穿的鞋子也只有一种颜色。

曹操不仅在家庭中积极倡导节俭的风气，而且对家庭成员的执行情况进行严格的监督，有时甚至采取极其严厉的措施。

一天，雨过天晴，丞相府花园中的亭台石径、花草树木，经过雨水的冲刷，显得格外清秀。欣喜若狂的鸟儿，映着天边迷人的彩霞，在树林中叽叽喳喳叫个不停。

悦耳的鸟鸣越过树梢，穿过回廊，飞进了曹操儿子曹植的居室，他禁不住向窗外望去。柔和的晨光透过薄雾，洒在刚刚苏醒过来的庭园当中，确实是又清新，又别致。“果然是个难得的好天气！”曹植不禁叹道。曹植的妻子显然也被窗外的迷人景色吸引了，急着要到花园中去消遣一番。可她刚刚走到廊下，又匆匆折回了卧室。

不大功夫，妻子容光焕发地走了出来。看见妻子身着华丽的绣花衣裙，被映衬得越发娇艳可爱，曹植不由得感到一阵惬意，连声赞道：“真是美极了。”可话音未落，一缕阴云又浮上了曹植的脸庞。妻子见状，不解地问道：“公子刚才还兴致勃勃，为什么一下又变得不高兴了呢？”

曹植沉吟了许久，才开口说道：“父亲厉行节俭，三令五申，明令家人平素一律不得穿着华丽衣裙，你如此打扮，就不怕招来父亲的责罚吗？”妻子怨艾地说道：“我们身居相府，却要如此俭省，未免也太不近人情了。况且父亲政务缠身，此刻正在朝中忙于政事，我去去就来，又如何会被父亲发现呢？”曹植听了，觉得事情也许并不像自己想得那样严重，于是也就不再加以阻拦。

庭院里石径蜿蜒、林深木秀、湖光倒影、鸟语花香，曹植妻子在婢女的陪伴下玩得兴致勃勃……

却说曹操这日在朝中理事，见天气如此愉人，就带领众随从来到城楼眺望。举目四望，城外远山如黛，城内炊烟袅袅，曹操不禁抚须微笑。远远瞧见楣府，此地虽然阔大雄伟，但丝毫也不显得奢华。曹操正欲将视线移开，忽然瞥见楣府花园之中，有一妇人身着华丽衣裙正在湖边徜徉，查问之下，竟是四子曹植之妻，不禁勃然大怒。

随从之中有个人知道丞相平生最

厌恶的就是奢华，而这个人又与曹植素有交往，于是就上前为其讲情。

曹植自幼就表现出很高的文才，谈起话来应对如流，写起文章来也是下笔千言，这么一个了不起的才子，曹操自然有些偏爱之心。可曹操又想：倘若宽赦了这一次，爱子自然可免去丧妻之痛，自己也可以免去不少家庭的烦扰。然而姑息下去，节俭之风还何以倡导，这于家于国又会带来什么后果呢？

随从见丞相半晌不语，正要再次上前求情，却见曹操把手一挥，厉声说道："我自陈留起兵之日，就要求家人厉行节俭，今日之事，若是姑息，岂不等于放纵奢华。在家族中倡导节俭，事关社稷，严格治理尚恐约束不及，难道还可以有丝毫的松懈吗？"

众随从见状，没有一个再敢出来求情. 曹操当即下了一道极其严厉的命令：命曹植的妻子即日内自杀……

曹操一生当中都极力倡导节俭，就在他生命垂危之际，仍然念念不忘告诫家人要勤俭持家。

汉献帝建康元年(220 年)正月，曹操率领军队大败东吴以后回师洛阳，由于过度疲劳，旧病复发。这天，他自感再也支持不了多久，就唤心腹大臣曹洪、贾栩、华歆、司马懿等以及夫人卞氏和众婢妾来到榻前。当他嘱托完军政大事之后，就当着众大臣的面对夫人卞氏说："我遗下的熏香可以分给各房夫人，不要用香来祭祀。各房的人没事做，可以让她们学着编织丝带和做鞋子卖。另外那四只箱子……"

说到这里，曹操呼吸忽然急促起来，卞氏止住曹操。她想，曹操一生主张节俭，有时衣服、蚊帐破了，也不准换新的，而要夫人和婢女们缝补了再用。他生前仅为自己送终准备了四箱衣服，是不是想再敛些衣服呢？卞氏探下身去询问。曹操挣扎着说道："不用了，只要那四只箱子，其他一概不要。我历年做官所得的衣物和绶带，如果觉得存着没有必要，就让孩子们把它分掉……"

说到这里，曹操合上了双眼。在场的大臣们都没有想到，身为魏王的曹操临终之前还不忘告诫家人厉行节俭。

仅仅因为穿着华丽些，曹操便命儿媳自杀，未免过于严厉了，也暴露出了曹操的专横。但从另一面也可以看出他对奢华的强烈反感和厉行节俭的决心。在曹操看来，节俭持家并非小事，而是关系到国家的安危。曹操的这种认识是有其深刻之处的。

勤俭持家的将军陶侃

一粥一饭，当思来之不易；半丝半缕，恒念物力维艰。
——朱柏庐《治家格言》

九月初的一个傍晚，一弯明月正

悄悄地爬上树梢，晚风轻轻地把花香一缕缕播向大地。在东晋西陲边防某小镇的一间并不很宽敞的大厅中，几百名将士欢聚一堂。人们高举酒杯，正兴高采烈地欢庆刚刚取得的一场平息叛军骚乱的胜利。

欢宴上，烛光通亮，将士们兴致极高，他们中有的边歌边饮，有的边饮边跳。喧闹声、庆贺声此起彼伏。正在大家酒兴极浓、尽情欢庆的时候，有人发现坐在大厅中央的征西将军陶侃，虽然兴致也极高，却只举杯不饮酒，更不去动桌上的美味佳肴。

他的副手大将殷浩看到这种情景，举杯走到将军面前，带着责怪的口吻说："将军，今天是大喜日子，弟兄们想借酒痛决一场，现在将军您带头止杯停箸，这不是让弟兄们扫兴嘛！"说完，他举着酒杯，硬让将军当即陪饮。

陶侃一听殷浩这样说，忙举杯起身相迎，同时他乐哈哈地说："弟兄们应该痛饮，我为大家助兴！"说着，他举了举手中那杯举了半天的一樽酒，仰脖一饮而尽。将士们见大将军如此痛快，酒兴更浓，一定要给将军再斟一樽。可陶侃一看此阵势，连连摆手，推托自己有公务缠身，急忙出了大厅。

不了解将军的人，以为将军酒量有限，或此刻真的公务繁忙；可了解将军的人，知道将军此刻不过是以公务搪塞。将军拒绝再度斟酒的真正原因是：他节俭成习，对自我嗜好克制很严。所以在今天这种欢宴的场合下，他也不愿意任意放纵自己。

陶侃平日里不但很注重以节俭自约，而且还非常重视以节俭治军。

一次，他外出时，遇到一个兵丁手里正拿着一把没有熟透的稻穗，在无聊地嬉耍。就走上前向那兵丁问道："你拿这个干什么？"那兵丁答道："不干什么。走路闲得慌，随便拢一把玩玩。"

陶侃见那兵丁边说，边不以为然地把那把稻穗扔到地上，非常生气地说："随便拢一把玩玩！你说得倒轻巧。这一粒粒稻谷是老百姓一滴汗珠、一滴汗珠摔在地上种出来的。你整日不种地，却吃得饱饱的。你就不想想老百姓的辛苦？"说着，他一定让那兵丁拾起地上的稻穗，并想办法一定要找到被拔了稻穗的主人，向人家承认错误，并保证自己以后不再糟蹋粮食。

那兵丁见大将军当时情绪很激动，心里虽然不服，但表面却没敢说什么。可大将军走后，他早把向人家道歉的事忘得九霄云外去了，并且还背后对别的兵丁骂大将军是"小气鬼"。陶侃知道后，更加气愤。他亲自把那兵丁叫来，又训斥一番，而后不但逼着他去向人家道歉，还对他执行了"军法"——抽了他一顿鞭子。

此事被有些将士听到后，也对大将军的做法有些看不惯。他们认为大将军"小题大做"，过于认真了。可陶侃了解到这些后，特意把那些将士找来，向他们耐心地讲述爱惜粮食、保持节俭作风的重要性。从那以后，陶侃军中大多数人都能以节俭自约，随意浪费的现象大大减少了。

陶侃注重节俭，还表现在他能勤俭持家上。有一回，他接受了组织造官船的任务。一天，他去造船营地视察，发现营地到处堆满了造船剩的竹子头和锯下的木屑，就命令专人将这些竹子头和木屑收集起来，装成一袋袋麻包，登记保管起来。他手下的官员见陶侃办事如此琐碎，心里很厌烦，抱怨说："大丈夫，何在乎区区小物。将军如此看重这些七零八碎的小事，将来一定干不成大事。"陶侃听了这话，不以为然。他总是告诉部下："勤俭办事绝不是什么小事，它是有益于治国的大事。"

后来，没过多久，此地下了一场大雪。大雪过后又冰冻几日，地面上很滑。人在上面走，一歪一斜，极不安全。可偏巧，此时迎来了大年初一，按当时的习惯，年初一清晨各官员要相互走串，互相致贺。年轻的官员，在冰雪上歪歪扭扭走走还算凑合，可那些上了年纪的人，简直是不敢出门。这时，陶侃让人把收集的木屑拿出一部分，在主要街道铺上一层。这样，人们行走起来就方便多了。也就是在这时候，人们才发现：陶侃持家勤俭是非常有意义的。

又过了一些时候，皇帝决定征讨占据蜀地多日的叛贼，需要尽快造大量战船，朝廷中负责造船之事的官员很快准备好了造船的大部分材料，可唯独长钉，一时没处搞到。正在朝中官员急得团团转的时候，有人突然想起了陶侃。人们知道陶侃素日持家节俭，又组织造过船，想必会有什么办法。

当朝中官员急三火四跑到陶侃那里的时候，陶侃淡然笑着说："不用着急！不用着急！我这自有'宝贝'。"说完，他领着讨钉子的官员们，来到平日收集的一包包竹子头跟前说："这些竹子头不就是现成的竹钉吗？"于是很快这一包包原来被人看做是废物的竹头，被人削成锋利的竹钉，运往营造战船场地。朝中许多官员知道此事，都称赞陶侃是勤俭持家的能手。那些曾抱怨过陶侃小气、干不成大事的人，也由此更看清了陶侃的远见，佩服他勤俭办事的精神。

陶侃一生曾做过许多年官，他最早当县吏，后官至郡守、大将军。但陶侃为官期间，无论官位怎么变化，始终没有忘记"勤俭"二字，他既看重自己勤俭做人，更看重为官的勤俭治家。这在封建社会统治阶层中是很难得的。

陶侃的事迹从一个侧面给我们这样一个启示：做到节俭绝不能忽略一点一滴的小事。我们有些人常有一种家大业大的思想，实际上是不对头的。假如人们都不注意节俭，每人一天浪费一两粮食的话，加起来这个数目是相当惊人的。国家是由人来组成，节俭治国首先需要每一个人都不要浪费，从每一件节俭的小事做起。

卖狗嫁女的吴隐之

> 奢而不孙(逊)，俭则固。
>
> ——孔子

东晋有个大官叫吴隐之，少年时，吴隐之虽家境贫寒，但人穷志不穷，他饱览诗书，以儒雅显于世。即使每天喝粥，也不受外来之财，母亲去世时，他悲痛万分，每天早晨都以泪洗面，行人皆为之动容。

他幼年丧父，跟母亲艰难度日，养成了勤俭朴素的习惯。做官后，他依然厌恶奢华，不肯搬进朝廷给他准备的官府，多年来全家只住在几间茅草房里。后来，他的女儿出嫁，人们想他一定会好好操办一下，谁知大喜这天，吴家仍然冷冷清清。谢石将军的管家前来贺喜，看到一个仆人牵着一条狗走出来。管家问道："你家小姐今天出嫁，怎么一点筹办的样子都没有？"仆人皱着眉说："别提了，我家主人太过节俭了，小姐今天出嫁，主人昨天晚上才吩咐准备。我原以为这回主人该破费一下了，谁知主人竟叫我今天早晨到集市上去把这条狗卖掉，用卖狗的钱再去置办东西。你说，一条狗能卖多少钱，我看平民百姓嫁女儿也比我家主人气派啊！"管家感叹道："人人都说吴大人是少有的清官，看来真是名不虚传。"

刘裕保存农具以教子

> 节俭朴素，人之美德；奢侈华丽，人之大恶。
>
> ——薛瑄

刘裕是我国南朝时宋的开国皇帝，小名叫寄奴，他出生于贫苦家庭。他母亲生下他不久，便死了。他的父亲刘翘无法养活他，想把他送人，可村中人贫苦，无能力抚养，问遍全村无人要。刘裕无奶吃，啼哭不止。深夜，刘翘无法，便拿了一个箩筐把刘裕用布包裹好，丢到村外大道旁，硬着心肠便回家去了，刘裕的哭声在旷野中回荡。此时，一对夫妇背着不满1岁的孩子赶路回家，当听到孩子的哭声时，觉得奇怪，便向哭声传来的方向寻声找去，到筐边一看，是一个用布包裹的婴儿。抱起一看时，只见是个十分健壮可爱的男孩，夫妇俩知道这是养不起的穷人家丢弃的，便抱了回家，把自己儿子的奶断了，用奶来喂养刘裕。刘裕长大后，身高七尺，力大勇猛。常年跟着父母种田，农闲时卖鞋子，受够了人世间的种种凄苦。父母死后，由于他勇猛奇特，便被冠军（官名）孙无终招为侍上。因为他打仗勇敢，又有智谋，很快成了东晋北府兵的著名将领。一次，他被派去驻守海盐城（今浙江省内），城中兵力不足千人，恰遇孙恩带数万人来进攻，刘裕便大开城门，把兵马全部隐蔽起来，要百姓四处传说："刘裕三天前的夜晚就逃跑了"。孙恩听说之后，又见城门大开，便命令军队进城。刚到城边，刘裕的兵马便突然杀出，孙恩军士死伤不少，急令军队撤退，走不远，刘裕埋伏的军队又杀将出来，孙恩只得且战且退，先后被十几处预先埋伏好的晋兵堵杀，人马死伤过半。事后得知，每处堵杀的晋兵只不过百来人。从此刘裕的名声大震。后来，刘裕又消灭了想篡夺帝位的桓玄，最后刘裕废帝自立，称为宋，号武帝，史称宋武帝。

刘裕称帝后，领兵北伐，收复中原失地。扩展到最大时，攻陷许昌、洛阳、长安，使国土大大超过东晋，治理着 22 个州，274 个郡，1 299 个县，是南朝四个朝代中疆土最大的时期。他英勇善战，收复了北中国大片土地，后来他的事迹一直被宋朝的陆游、辛弃疾等诗人所歌颂和赞扬。人们只知道他是个很有作为的皇帝，而不知道刘裕还是个生活节俭、衣着朴素的皇帝。

在他的宫廷中，宫女很少，游宴很少，所藏金玉宝物很少。有一次，宁州太守给他送来了一个琥珀做的枕头，金光四射，艳丽无双，所见者都赞不绝口。可刘裕见后，却很生气地说：

"我种田卖鞋时候，用木头、石头做枕头，用麻袋做被子，睡木板、睡泥地，才练出我这一身能饥能寒能苦能累的好身体，你们现在送我这样的枕头，是要我好呢？还是要我坏呢？"说完，便命令将枕头砸碎，送给就要北伐的士兵，作治理刀伤的良药。

刘裕素有发热病，年老了更为厉害，一发起烧米，全身疼痛难挨，只有躺卧在冰冷的地方，症状才会慢慢减退。侍候他的人为了减轻他的疼痛，便叫人给他做了一张石床，他躺下之后，效果很好。但当刘裕知道是用宝石料做成的以后，便说：

"我这样的人来自农村，吃糠嚥菜长大，能睡着精美的木床我就很满足了，怎能用百姓们做首饰的贵重石头来做床呢？谁做的谁给我立即毁掉，做成各种首饰出卖，用作军队的用费。"

又一次，广州太守为讨好皇帝，招募各地能工巧匠，经过一年时间，织出了一种十分精美的细布。又精心染印了美丽花纹、艳丽的颜色，一匹匹耀眼的细布，犹如天上的彩云、朝霞。太守满心高兴，以为献给武帝后一定会讨得他的欢心。当他亲自押送，千里迢迢地把布从广州运到建康（今南京）时，刘裕不但不领他的情，下令将布在京都拍卖，充作军饷，还将广州太守罢去官职，打入官狱，依法处理。广州太守不但没得到好处，反而落了个丢官下狱的下场。

刘裕当了皇帝之后，时时不忘亲耕田亩的辛苦。他派人把他过去用过的农具，统统收来，放在宫中，每到空闲时，就把全家召集在一起，讲述种田的艰辛，自己被丢弃路边的苦难经历。每讲一次，自己都涕泪沾襟，家人也哭泣不止。但时间一长，次数一多，孩子们便不以为然。特别是长子刘义符，慢慢显出讨厌的情绪。一次，当父亲再次忆苦时，他小声地对弟弟说："老讲这些种田、卖鞋的事，多没有意思！"声音尽管很小，还是被刘裕听见了。他本想狠狠训斥他一顿，但转念一想，训斥也不解决问题。过了几天，他把长子刘义符叫来，交给他一把新农具，派一个官吏监督着，要他到老家丹阳去种地，农具不用破，不准回宫。若违抗不执行命令，废去太子封号，另立他人。百官谏劝，说太子年小，处以如此重罚，恐于国家不利，刘裕气愤地说：

"于国家最不利、最可怕的莫若后继无人，看太子如今的表现，失江山者就可能是他。大家不要劝阻，我只有这个办法，还不一定有效呢！"刘义符便被赶到家乡种田三年。

刘裕的预言果然不差，他死后刘义符即位，不务政事，日夜作乐，无聊时亲自执鞭打人取乐。当檀济道的兵杀入宫中时，他还在花园中摆摊设店，自充卖酒小贩，与群臣取乐。失江山者，确是刘义符。

厉行节俭的萧鸾

> 你要是好汉，就把果子种在果园里，年轻时尝花朵，年老时吃果实。
>
> ——苏联俗语

萧鸾是我国南朝时齐的皇帝，称之为齐明帝。他夺取帝位之后，杀了不少人，特别是疑心太重，先后杀了自己的尚书王晏，大司马王敬则，前两个皇帝的10个儿子，统统被他杀光。但此人却厉行节俭，坚决反对当时奢靡之风，事事从自己先做起，自己在节俭方面做不好的地方，下臣提出他能诚心改正，这又是历代皇帝中少有的。

萧鸾登上帝位后，把前朝武帝新盖的林苑完全废去，改为良田以种谷，把田地还给百姓。他说："夺百姓口中食、住之宅、身上衣，为自己一时享乐，这是最大的无道。"把原来朝廷中制造的马车、大轿、龙船上所装饰的金银，下令统统挖下来，归还国库。他自己的衣食十分节朴，不让太监给他做太好的膳食，逢年过节，没有他的指示，什么人也不敢随便给他加菜。他下令给管膳食的太监，每餐菜不过五，就是不能超过五样菜。一年元宵，京都中张灯结彩，家家户户喜庆元宵节，宰猪杀鹅，喝酒宴宾，一派热烈景象。而宫墙之内，无灯无彩、无酒无席，冷冷清清，没有一点节日的样子。一个新来管膳食的太监，快到给皇帝用膳的时候，还没有接到指令加菜。他想，百姓小民在这种节日也要置办丰盛酒席，当今皇上难道就不可稍加点菜肴吗？便擅自做主，给齐明帝多加了三个菜，共成为八碗，当菜饭上去以后，齐明帝见不得诏令，便给他多加三个菜，立即叫侍官追询查问，当侍官查清之后，如实上奏明帝，明帝说：

“念他是新来首犯，不予治罪，赶出宫廷，永不录用。以后再有违反，必诛无疑。”从此，谁也不敢违反明帝的规定。

一年端午节，建康城中热闹非凡，宫中还是没得到皇帝的指令，无歌舞管弦，也无豪华酒宴，完全是一派清朴节俭的平日气氛。管膳食的太监想，若给皇帝用膳像往常一样，这就少了节日的气氛，若是给皇帝多加酒菜，又怕皇帝怪罪，他左思又想，便想出来一个办法：吃粽子是端午节的习俗。给皇帝做一个精致、丰富、美观的特大粽子，这样既不违反“菜不过五”的规定，又使内容丰富。他派手下人，想尽方法，把各种美味佳肴都巧妙地包进粽子里，让皇帝剖开粽子，便能吃到各色精致的菜。当粽子做好之后，果是天下一绝，其色彩艳丽，犹若桃花，形状美观，犹若菱角，而香味扑鼻，让人馋涎欲滴，有猪腿一般大，上面还有“端阳喜欢”几个字。当献上给齐明帝之后，齐明帝也赞道：“好粽子！好粽子！”一看，又只这一道菜，也没违反规定，而剖开却有多种美味。齐明帝想责怪吧，又觉得没有什么根据；不责怪吧，它确实违反了自己的规定。他沉思片刻后说：“制粽之人，用心良苦，如此佳作，世所罕见，我不能不给予赞扬。这一大粽子，实际是我两天的食粮，现在要你们把它一分为四，我每餐只能食用一块。”

他旁边侍候的太监说：“皇帝不必太俭，一年只一次端午，百姓小民都要喜庆一番，你多吃一点，也是常理。”齐明帝说：

“天子的一举一动，都影响着天下，我提倡节俭，不从我做起，天下人是不会认真去做的。”平日的生活中他确实这样去做。宫中人为他准备洗澡用的皂荚水，用剩下的他要太监不要倒掉，留着下次再用。正月初一，大臣们要给皇帝送来敬贺礼品，他事先下谕，只能送不值钱的，不能送奢华昂贵的东西。一年，一位大臣给他送来了一件银制的温酒用的酒具，价钱并不昂贵，只是做工十分精巧，众大臣见了都赞不绝口。送礼人想，明帝也一定会满意的。可是，当齐明帝看了之后，不仅不赞扬，反而十分生气，叫手下人把银器砸碎。决不能让奢华之风进入宫中。后来，还是上尉萧颖胄劝说道：“酒具精雕细刻就是浪费奢华，皇上又将他砸烂，更是奢华之上又加奢华，这不是错上加错了吗？”明帝一想有道理，才把它留下来送给府库变卖。

又过几年，国家无事，农业接连几年丰收，边境相对平安，人民从战乱、灾荒、劳役的苦难中有所解脱，生活有所改善。由于齐明帝身体力行，社会、官吏的奢华侈靡之风大有改变，社会一时呈现出平安景象。在动荡不安的南朝，这也是很难得的国泰民安时期。齐明帝也十分高兴，当新春佳节到来之时，他下令宴请文武百官，宫中举办了从未有过的盛宴酒席，一时显得该年的春节特别隆盛。开宴之时，明帝赞扬文武百官为皇帝效忠，尽心职守，励精图治，使国家兴隆发达，万民乐业。百官之得宠者，也颂扬齐明帝恩德如天，厉行节俭，倾听下民心声，采纳众谏，使国家法纪严明，奖惩合度，最后齐明帝说：

"今日新春佳节，我与百官万民同乐，酒席之中不分君臣尊卑，希望人家畅怀痛饮，不拘法礼。"百官见皇帝难得如此宽待，也杯瓶交递，欣喜无比，气氛少有的融洽。明帝也叫贴身亲信给百官一一赠酒，以表君臣的心意。在这轻松、热闹的酒席中，只有一人不卑不亢，好像对丰盛的酒席视而不见、食而无味。又好像心有要事，默默难言，焦愁不堪。精细的齐明帝萧鸾也看到这位大臣的神态，便一直走到他席前问道：

"上尉今日为何闷闷不乐？是不是有烦恼的事？"

"启奏圣上，小臣确实有一疑虑难解的事郁结心头，又不敢说，又难以丢开，所以，难以开怀畅饮。"

"有什么事何不一吐为快，我如能帮你排解，也是寡人平生一大乐事！"

"当今新春佳节之时，满朝上下乐乐融融，我一说出来，必扫大家的酒兴，还是改日面奏圣上。""上尉不必担心，没有什么事会使我们扫兴的！如今国富民安，风调雨顺，人寿年丰，无灾荒、战乱、饥馑，还有什么会扫我们酒兴的？"

"那我就不敢隐瞒，直言面奏。"那人便大声说道：

"圣上不知是否记得前朝留下的车、轿、船上镶饰的金银美玉何处去了？"

"是我下旨叫全挖下来送给府库去了。"

"圣上又是否记得一年新春，百官送礼朝贺圣上万福，有一精制的银酒具圣上见了之后，如何处置的？"

"记得，我要下令砸碎，但是听了你的劝说，才送给府库变卖。"

"那请圣上看看，今日酒宴之上，所用杯盘食具，为何物所造？"

齐明帝萧鸾听到这里，一下子变了脸色，酒已半酣的文武百官一个个吓得像木鸡一般，个个都为酒席上的直言勇谏者捏着一把汗。突然，明帝大声说道：

"上尉一谏，我如梦初醒。常言说，九十而半百。我俭朴一生，不想今日违例，是寡人的过错啊！来人，把席上的金银酒具统统撤去，换上陶瓷用具。从今以后，寡人如有奢靡，群臣人人可以当面批评。”

群臣一片欢呼颂扬声，酒宴在换下银具之后，相乐如初，直言面谏者是谁？就是劝明帝留下酒具的上尉萧颖胄。

斛律光不穿时髦衣服

> 历览古今，以约失之者实寡，以奢失之者盖众。
>
> ——陆云《国起西园第表启》

斛律光是南北朝时期的北齐人。他年轻时投身军队，屡经征战，很快就表现出了组织指挥的才能，被委任为大将军。

斛律光(515—572)，字明月，北齐名将。朔州(今山西朔县)人，高车族(或称“丁零”、“敕勒”、“铁勒”)。出身将门，斛律金之子。初任都督，善骑射，当时号称“落雕都督”。后历任大将军、太傅、右丞相、左丞相等，封咸阳王。一女为齐孝昭帝太子高百年的妃子；一女为为齐武成帝太子高纬的妃子，并在高纬即位后成为皇后，其家族在北齐尊贵无比。

他骁勇善战，在与北周近 20 年的争战中，多次指挥作战，均获胜利。北齐天统五年(569 年)十二月，周军围攻宜阳(今河南宜阳西北)，断齐军粮道。武平元年(570 年)正月，他率步骑 3 万破宜阳周军，再通粮运；周军复攻，他领军迎战，又获胜利，俘北周开府仪同三司宇文英等。武平二年(571 年)，他率众于平陇(今山西稷山西)等地筑垒，迎战北周骠骑大将军韦孝宽所率步骑万人，大破之，俘斩千计。他少言刚急，治军严明，身先士卒，不营私利，为部下所敬重。武平三年(572 年)，后主高纬听信谗言，将其诱杀，时年 58 岁。其女亦被废。北周灭北齐后，追赠他为上柱国，崇国公。

斛律光百战百胜，在朝野有很高的威望。他身为大将军，但在生活上却始终注意节俭，反对铺张浪费。一些人劝他趁掌握要职时修建一所漂亮的宅第，都被他拒绝了。

斛律光不修建宅第，不购置地产，不买贵重物品。对于他的俭朴，家人都能理解，但斛律光穿的衣服，不仅质地差，件数也少，他的夫人对此很有意见。叹着气对他说：“你不购置衣服，出门穿着破旧，会被人耻笑。人家不仅仅笑话你，还要笑话我不会理财管家，不会照顾你！”

斛律光笑了，温和地说：“你的心，我明白了。其实，我高兴了，你就不必伤心。现在这样，我已经十分满足了。人家说我寒酸，寒酸有什么不好？难道奢侈就好？”

夫人不说话了，她知道说也没用。

过了些日子，夫人自己做主，为斛

律光做了一套很时髦的新衣服。当她双手捧给丈夫时，斛律光却说：“夫人，你还是不了解我呀！我是军人，要这种衣服干什么？衣服只要保暖遮羞，不破不脏就可以了。这衣服我不能穿！”

斛律光为人正直清廉，遭到了朝廷中一些贪官的嫉恨。

当时，朝中有一个叫祖珽的小人，品质低下，善弄权术，常常在齐帝高纬面前说斛律光的坏话。斛律光并不惧怕，大胆斥责祖珽。他说：“祖珽弄权，我们的国家就会完了！”

祖珽对斛律光恨之入骨，决心害死他。他向齐帝诬告说：斛律光打了胜仗，是想争得名声，拉拢军队，日后好夺皇位。

齐帝高纬听了祖珽的话，信以为真，下令逮捕斛律光，将其处斩，并抄没他的家产。祖珽心中暗暗高兴。他带领人马捉回斛律光并亲自监斩杀了他。随后派大臣邢祖信率兵去抄斛律光的家，并叮嘱说：“要抄细，抄出万贯家产以证明斛律光的虚伪。”

半天过后，邢祖信回来报告说抄家完毕。祖珽命他详细汇报抄到的东西。邢祖信望了望满朝文武大臣，说：“斛律光将军全部值钱的家产如下：弓五十张，箭一百，刀七口，槊两支。”祖珽听罢，脸上顿时没了血色。满朝文武哗然。祖珽还心存一线希望，恼怒地再问：“除此之外，还抄到了什么？”

“还抄到了20根枣树枝。”据斛律光家的仆人解释，斛律光生前不许仆人与外人打架，有打架者，用此枣树枝抽打100下。

祖珽灰溜溜地逃走了。在场的正直的人无不为斛律光的节俭清廉和冤死而落泪……

房彦谦以清白传子孙

> 不勤不俭，无以为人上也。
>
> ——隋·王通《文中子·关朗》

这是齐州临淄（今山东省淄博市）的一座旧宅，屋宇高大、古朴，画栋雕梁、粉墙绿瓦，看来过去是富豪之家的住宅，因年代久远，原来的鲜丽色泽都蒙上一层厚厚的灰黑，远远望去只有屋架高伟，还不失为豪华宅第，走近一看，柱朽梁旧，墙塌门破，已全然是所普通房屋。但是，住所位置很好，背后是一座树木葱茏的小山，前门有一条终年清澈的小河，放眼南望，便是千顷良田，碧波耀眼。进入宅内，院落井然洁静。古老的庭院中各种花木繁茂、艳丽，特别是旧池塘边的几株柔柳，随风飘荡着柔枝，使人顿感春意盎然。在庭院中间的老槐树下，一位老者坐在一把旧椅子上读书，旁边矮桌上放着两只粗瓷的茶杯和一把补过的旧瓷壶。老者银须白发，但红光满面，精神饱满，当书读到有味之处，总要高声吟诵几句："我其夙夜，畏天之威。"（这是《诗经》里的话，意思是说，我早晚勤勤恳恳地为国办事，是出于敬畏上天威严的良心。）看书长久了，便起身在院中伸展手脚，或给庭院锄草浇花，扫地抹桌。这老者是谁？他便是隋朝久居高官的房彦谦，后来唐朝有名的宰相房玄龄的父亲。因年老辞官，闲居在家。他终生清素常守，克躬励己，乐舍好施。即使辞官居家，还是过着十分俭朴的晚年生活。

房彦谦为隋朝的司隶台大夫（主管官吏违纪犯法处置之事）时，有澄清天下官吏的大志，一贯坚持该奖赏者，不管他是贫是贱，毫不减少；该处罚者，不管他是贵是亲，绝不留情。所以，他向皇帝举荐的人，没有一个不是官吏、人民的表率。他所批评、惩处的人，没有哪一个敢有怨言。他为人正直，不畏权贵，扶正压邪，劝善惩恶，在当朝官吏中很有威信，为隋朝做了不少大事。有一个名叫刘炬的司隶别驾（掌管朝廷检查一类的官），欺凌上司，侮辱下官，胡作非为，却因得到皇帝的宠信，人人都怕他。这个人对下属官员的审查，不讲人的功绩，专找人家的过错、缺点，然后上报皇帝，来显示自己的正直，因此，各个州的刺史都很害怕他。一见到他便主动上前行礼。只有房彦谦对他以常礼相见，不卑也不亢。刘炬想向皇帝禀奏房彦谦的隐私和过错，但他所打听到的都是对房彦谦克己奉公，惩恶扬善的夸赞。刘炬想找房彦谦的岔子，始终没找到，反而看到他的崇高品质。刘炬的作为更使房彦谦在有识之士心目中备受敬仰。

房彦谦还向皇帝上书说，大厦的建构，不是一棵树的枝干就可造成，一个帝王的功业，也不是一个谋士的谋略可以促成的。盖房子时长木头可以做柱、做梁、做栋，短木头可作楔、作拱，长材短木都不可抛弃。人材也是这样，大材可以为将、为相，小材可以为官、为吏、为卒。他们像北斗星周围的众星一样，烘托着灿烂的北斗，所以应该做到人尽其用。

房彦谦的家庭原来也十分殷富，他又做了多年朝廷的大官，俸禄很多。但是，他都将这些资财拿出来周济亲友，帮助贫苦人民，救灾劝学，抚养老弱孤寡，所以他常年家无余财，生活非常清苦。年老辞官归家之后，依然如故。每当子侄定期来看望他，他都要向他们劝勉勤奋节俭的道理，讲历朝倡俭励勤的功绩；讲自己自从幼年直到现在，一言一行，从未害人利己，从未为自己谋过私利；讲述他用父母传下的大量家财，救济他人，自己丰厚的俸禄，送给贫困的乡邻亲友，屡得屡空，一直过着清贫生活，自己却怡然自得，十分舒畅。

后来儿子房玄龄考上进士，回老家看他时，见老人生活清淡，便对他说：

"现在你在家闲居养老，虽不敢要你奢华，但你也该吃得好些，住得好些，睡得好些，我们做儿子的心中才放得下。像你这样糟践自己，使我们在外做官的人时时为你担心。”

房彦谦笑着对儿子说：

“你考上了进士，成为国家有用之材，我很高兴。你要我吃好，住好，睡好，我现在不是过得很好吗？还要怎么好呢？一个人节俭了，什么情况下都是满足的，快乐的。一个人追求豪华，什么时候都不会满足，什么时候都不会快乐，永远都是忧心忡忡。别人做官都是为追求福禄，最后，富了家业，害了子孙。我做官使自己的家业变穷，最后，我却使儿孙成材。这对我是享不完的福禄，我不需要你们为我的吃住担心，只要你们像我一样清白做官，我就无比快乐，高兴万分。我所能传给子孙的，只有‘清白’二字，你们要牢记。”

房玄龄很为父亲的精神感动，后来，在辅佐唐太宗李世民治理国家时，始终倡廉励俭，终于创出一个“贞观之治”的兴盛局面。

孙叔敖的特殊遗嘱

> 克勤于邦，克俭于家。
>
> ——《尚书·大禹谟》

孙叔敖（约前630—593），楚国荆州沙市人，孟子在《生于忧患，死于安乐》中写到“孙叔敖举于海”，他在海子湖边被楚庄王举用为楚国令尹，以贤能闻名于世。孙叔敖的一生，为官廉洁奉公，做人正直谨严。在当时楚国百姓中，曾流传着许多关于他的动人传说。这里，我们要讲述的，是孙叔敖临终前为儿子留下一份特殊遗嘱的故事。

孙叔敖原本出身很苦，他很小的时候，就在家乡湖北云梦泽地区一边务农，一边读书。由于他学习刻苦，长大以后学问很深。又由于他人品好，所以很早就在家乡成了一名很有影响的隐士。后来，楚庄王执政，他是一位很有作为的国君，为了富图强兵，争霸诸侯，庄王继位后不久，就到处招揽治国治军的人才。这时，云梦泽地区的地方官把孙叔敖推荐给庄王。庄王与孙叔敖相见恨晚，很快就任命他为楚国的令尹。

孙叔敖做了楚国的令尹后，兢兢业业，忠于职守，他为庄王出了不少有利楚国发展的好主意。于是，楚国在这一期间，得到迅速发展，很快成为了当时诸侯强国之一。楚庄王常为自己能有这样一位好令尹而高兴得不得了。可是不久，由于孙叔敖工作过于劳累，积劳成疾，一病不起。楚庄王见孙叔敖病得厉害，心里十分着急，他多次召集楚国最有名的医生为孙叔敖治病，但均不见效，孙叔敖的病越来越重。

连日来，孙叔敖卧病在床想了许

多。他想到自己可能这一病，就不会再好了。自己死后，最不放心的是儿子孙安。自己一生注意廉洁自俭，没有给儿子留下什么遗产。自己死后，楚王很可能会给孙安一份丰厚的产业，或封他为高官。那样的话，孙安以后在吃穿用度方面或许倒是不需发愁，但这对孙安做人又有什么益处呢？孙安自幼出身高官之家，生活方面本身已比一般人家的孩子优越了。如果他现在再不费什么力气，就得到很优厚的财富或官职，这很可能养成他懒惰、奢侈的坏习气。如果那样的话，实际上不是自己这个做父亲的害了他吗？想到这，孙叔敖再也躺不下去了。他强忍着病痛，支撑着身体，坐在书案前，拿起笔开始给庄王写起奏章来。

不久，孙叔敖病得更加严重了。一天，他估计自己快不行了。就把儿子孙安叫到床前，拉着儿子的手，嘱咐说："你知道，为父平生一向注重为官廉洁，所以现在也没有给你留下什么财产。我死以后，大王很可能会让你做官，或是给你其他什么丰厚的产业。我看你没有什么治理国家的大才能，我死以后，你不要去做官，还是回老家去务农吧！大王要是一定给你什么产业，我看你只可以收一块地，并且千万不要争什么好地方，选一块没人要的地方就可以了。我现在已把我的意思写在了这个奏章里，我死了以后，你就把它递上去吧！"

几天以后，孙叔敖病逝了。整个楚国上上下下的人们都为自己国家失去这样一位好国相而悲伤，楚庄王也十分悲痛。一天，他收到了孙叔敖临终前留给他的最后一卷奏章，于是便含着泪读了起来。孙叔敖在奏章中，对楚国外交、军事、经济，以及许多现行政策，都提出了很好的建议。奏章末了，孙叔敖为了自己的儿子对庄王讲了一番话。

孙叔敖说："靠大王的信任，我这样一个普普通通的乡下人居然做了楚国的令尹。尽管我十分努力地去为国家效力，但是我知道，我为报答大王所做的事太少了。现在，我要离开大王和楚国先去了，我只有一个儿子，可是他没有治理国家、辅佐大王的才能。我恳切地请大王不要留他在身边做官，让他还是回到自己家乡以务农为生，去过俭朴的日子。我想，大王如能这样，就是对我的儿子一个很好的照顾了……"

楚庄王一边看奏章，一边感动得落下泪来。他手捧奏章，嘴里不住地说："天啊！这是一位多么廉洁勤俭的国相啊！我失去这样一个大臣，太可惜了！"

后来，楚庄王一再希望孙安能留在自己的身边做官，以便使他多享受些荣华富贵。但孙安坚持遵照父亲的遗嘱，回乡务农，楚庄王拗不过孙安，只好答应了他。

然而，楚庄王怎么也没有想到：孙叔敖官居国相，一生廉洁俭朴的他死后居然没有给家中留下任何积蓄，孙安回乡后，家境马上变得相当贫困。后来，孙叔敖的妻子又生了重病，于是孙安只得靠卖柴来维持生活。

多少年过去了，后来，是楚庄王身边一位侍人，在云梦泽街头撞见了正在挑担卖柴的孙安，回宫后，他把孙安一家人生活的现状告诉了楚庄王，庄王才了解真相。他惭愧地当即派人给孙安一家送去钱物，并一再让孙安到朝廷做官，然而孙安依旧不肯。

楚庄王见怎么也说服不了孙安，就对他说："你执意不做官，那我就赏给你一座城吧！"孙安依然不肯要，他对大王说："如果大王一定要赐给我什么，那就请大王把寝丘那块地赏给我吧。"庄王听后，大为吃惊地说："寝丘？那是一块没有人要的薄沙地呀！"孙安点点头说："父亲临终前这样嘱咐我的，请大王能同孙安一同遵从父命。"楚庄王听罢，摇着头叹息了好长一阵时间，最后只好同意了。

孙叔敖的这份遗嘱是相当感人的。因为他懂得，教育子女学会做人的方法是让他靠自己的双手去劳动，而不能躺在老子的功劳簿上。我们一些老一辈革命家在临去世前也正是这样要求子女的。相反，另一种情况自古至今有之：一些人往往在临终时提出种种要求，过后子女又向组织争这要那，唯恐今后再也得不到了。相比之下，他们连古人都不如了。对此，他们应感到惭愧。

范仲淹的家风

俭以寡营可以立身，俭以善施可以济人。

——《古今图书集成·家范典》

范仲淹(989—1052)，是北宋时期著名的政治家、军事家、文学家和教育家。他在《岳阳楼记》里所写的"先天下之忧而忧，后天下之乐而乐"成为千古美言，几百年来成为人们的座右铭，激励人们奋发上进。这脍炙人口的名言几百年来流传不衰，至今还给人们以宝贵的启示和鼓舞。范仲淹不仅在他的著名散文《岳阳楼记》里唱出了这千古传诵的名句，而且在自己的生活实践中也身体力行，几百年来一直被世人传为美谈。

范仲淹一生在朝为官，晚年官至参知政事(副宰相)，尽管他身居高位，却仍不忘节俭。他不仅自己节衣缩食、清淡俭约，而且对孩子们的要求也非常严格。

这年秋天，城中盛传范仲淹的二公子纯仁将要举行婚礼。婚丧嫁娶，本来就是生活中的大事，加上范家是当时的名门显贵，于是纯仁的婚事更成了街谈巷议的话题。眼看婚期已近，可范家府上连日来既未张灯结彩，也未披红挂绿，这不免使得喜欢热闹的百姓大为扫兴。随着时间的推移，越来越多的人以为，关于范二公子结婚的消息，大概只是个靠不住的谣传。

其实，纯仁成亲是千真万确的，而且婚礼就在近日之内。范府上下所以悄无声息，是因为范仲淹的家风甚严，即使遇到儿女的婚姻大事，也不准有丝毫的铺张浪费。父亲的心愿，纯仁和管家是十分清楚的，因此根本就不打算大张旗鼓地操办婚事。虽然如此，纯仁仍然有两件事情办得令父亲大为不满。

这天，纯仁坐在案前，摆开纸砚，可呆坐了半天，就是迟迟不能下笔。纯仁心想：成家立业，总要购置些家什用品。若是办得太简单了吧，父亲那里倒是会得到赞许，可自己又有些不情愿；要是置办些稍好的东西呢？父亲那一关恐怕又是不好过的……思来想去，最后纯仁觉得：结婚是自己一生中的大事，不要多买，只买一两件稍稍贵重些的东西，也是情理之中的事情，父亲未必会怪罪下来。想到这里，纯仁顿时觉得轻松了许多，于是将购置物品的清单迅速写好，然后就呈给了父亲。

谁知大出纯仁所料，范仲淹接过清单一看，立刻面带愠色：

“纯仁，你要购买那两件贵重之物，到底是什么打算，难道要从你手里败坏我范家门风不成？”纯仁慌忙答道：“孩儿以为婚姻乃终身大事，购置一两件心爱之物也不为过，不想因此却惹怒了父亲，还望父亲息怒。”

范仲淹见纯仁已有悔过之意，就没有再继续发作，但仍然非常严肃地说道：“我在朝为官多年，因为有朝廷的俸禄，虽然我在家庭中厉行节俭，但你们的生活仍然远远胜过普通百姓。婚姻固然是人生的大事，但它与节俭有什么矛盾？又怎么可以借口‘人生大事’而套用奢华来点缀它？我多年来一直担心的就是你们沾染上奢华浪费的不良习气，在不知不觉当中丢掉我们范家勤俭的家风。”

听了父亲的话，纯仁面带羞愧，悄悄地低下了头。此刻，他已经认识到了自己的过失，可还为一件事所苦恼，但又不敢启齿。最后，他还是鼓起了勇气说道：

“孩儿已经知错，可还有一事要向父亲如实禀告。这些天来，新人想以罗绮做幔帐，以为新婚之用，孩儿说这不符合范家的风习，可她父母出面干预。孩儿碍于情面，就未敢再做坚持。”

范仲淹一听，非常生气，大声说道：

“你知错认错，我定不再指责你了。但是，我们范家历来清俭。用以为幔，这岂不乱了我们的家法？情面事小，勤俭之风事大，你可以告诉他们；如果要坚持这样做，那我范仲淹就一定要把它拿到院子里当众烧掉！”

就这样，在范仲淹的一再坚持下，范家二公子纯仁的婚事办得异常节俭,一时在当地的百姓中间传为美谈。

数年之后,范仲淹从邓州调到了杭州,并与常年隐居在西湖北面孤山上的著名诗人林逋交往甚厚。

范仲淹与林逋经常来往,引起了一些好事之徒的猜测。于是关于范仲淹以有隐退之意的说法纷纷扬扬地传了出去。这时,范仲淹的二公子范纯仁已考中了进士,因不愿远离年迈的父亲,于是弃官不做,回到了杭州。范纯仁刚一回到杭州,就有不少人对他说:“近来范公好像有退隐之意,你们做晚辈的,也该想着为老人安排一个栖身之地啊!”

听了众人的劝告,纯仁就找到弟弟纯礼,共同商量起父亲的养老问题。哥俩虽然都想为父亲营造一处颐养天年之所,但又都深知父亲的脾气,唯恐因此而遭到父亲的指责。

这天下午,林逋正好来家中作客,谈笑声不时由父亲的居室飞出。纯仁、纯礼见父亲这天心情格外高兴,就乘机来到了父亲的房中。林逋见兄弟二人一起来到堂上,想必是有什么事情要与老友商量,于是便起身告辞而去。范仲淹指了指身旁的坐椅,问:

“你们俩有什么事情要来找我呀?”

纯仁、纯礼兄弟俩你看看我,我看看你,然后分别坐在了父亲的两旁。他们看着父亲头上的斑斑白发和岁月留在老人家脸上的皱纹,一种说不出来的滋味涌上了心头。

最后还是纯仁先站起身来对父亲说:

“爹爹,如今您年事已高,身体也一天不如一天,我们已经商量过了,打算在河南府为您修建一处住所。这样既可以使您的晚年生活过得更加安稳愉快,也可以略尽我们做晚辈的一片孝心,您看如何?”

范仲淹一听,心里不免感到吃惊,连忙摆摆手说道:“不成!不成!此事万万不成!”

纯礼说:“爹爹,河南府内建了那么多宅第,我们再建一座又有何妨呢?”

纯仁见弟弟的说法不妥,急忙补充说道:

“爹爹,我们虽然想为您建造一处住所,但决不会像其他官宦人家那样铺张浪费,为您修建华丽奢侈的府第。我们不过是想让您安度晚年,您就答应了吧!”

范仲淹听罢默默不语,起身在堂上慢慢转了两圈,然后才若有所思地说道:“孩子们,你们的心意我是知道的。但是,一个人如果有了道义上的快乐,那他即使一无所有,心里也会感到高兴的。更何况我还有房子住!我早就说过:一个人应该先天下之忧而忧,后天下之乐而乐。我怎么能无忧无虑地一个人去享受清福呢!我现在并不担忧自己退下来以后没有好的居住条件,我所担忧的倒是节俭之风何时才能在身居高位的人们中间真正传播开来。由此看来，你们的建议并不能使我感到丝毫的安慰。今后关于建造宅第的事，希望永远不要再从我的儿子的嘴里说出来！”

房间内一片寂静，纯仁、纯礼看着父亲那日渐苍老的背影，一种十分敬仰的心情油然而生。

范仲淹将节俭这一美德的认识，提高到先天下之忧而忧，后天下之乐而乐上来。他的这种认识非常好理解，加上他自己在各方面的言传身教，可以说无论是现在还是将来，都应是人们效仿的楷模。

司马光典地葬妻

勤是摇钱树，俭是聚宝盆。

——《古今对联集锦・农村联》

司马光（1019—1086），北宋时期著名政治家、史学家、散文家。北宋陕州夏县涑水乡（今山西运城安邑镇东北）人，汉族。但宋人袁说友著《成都文类》记，司马光是在他父亲司马池任光山知县时，生于县衙官舍的，该观点已为当今主流，多数专家学者认同。司马光字君实，号迂夫，晚年号迂叟，世称涑水先生。

司马光的远祖可追溯到西晋皇族安平献王司马孚。原籍属河内（今河南沁阳）。司马光的父亲司马池曾为兵部郎中、天章阁待制（属翰林学士院），在藏书阁担任皇帝的顾问，官居四品，一直以清廉仁厚享有盛誉。

公元1086年9月，在山西闻喜县南旧夏县涑水乡竖起了一块高大的墓碑，上面刻着“忠清粹德”四个大字，墓碑后面静静长眠着的是当朝宰相、大史学家司马光。

司马光为官近40年，大部分时间是在中央任职，官职不低，俸禄也不少，本可以拥有万贯家财，富甲天下，但他一生戒奢戒侈，清俭廉洁，他的美德被人们万古传颂。

熙宁元丰年间，司马光离开京都，身居洛阳，潜心著书，后来完成了光辉著作《资治通鉴》。

洛阳为北宋西京，在这里住的王公大族很多，因此到处可以见到深宅大院，亭台楼阁。有的园宅建得富丽堂皇，气势恢宏，飞檐斗兽，华丽无比。而司马光住在洛阳西北数十里处的一个陋巷中，只有几间避风雨的茅檐草舍。一到三九寒天，北风呼啸，茅檐多被风卷去，室内冷气袭人；盛夏，又酷热难熬。

一年冬天，大雪纷飞，天寒地冻，北风狂吼，一般有钱人家都得生火取暖，而司马光家竟连一盆炭火也没有，屋里寒气逼人。这时，一位东京来的客人慕名拜访司马光，在“客厅”里，宾主落座，热情交谈。谈了一会儿，因室内寒冷，冻得客人瑟瑟发抖。司马光很抱歉，只好吩咐下人熬碗栗子姜汤给客人去寒。客人喝了姜汤，身体自然暖和了一些，又叙谈一阵，起身告辞。

后来，这位客人又去拜访范镇，范镇家中，不仅有炭火取暖，而且摆上丰盛的酒菜，宾主频频交杯，消寒去冷。前后对比，客人便提起了拜访司马光的事，感到司马光对人冷淡。范镇听了，认真地说："不，你不了解他。他一向崇尚俭朴，不喜欢奢华。不是对你冷淡，我到他家也一样。平日，他自己连一杯栗子姜汤也不喝呢！"客人听了十分感动。

后来，司马光想了个办法，解决了房屋"夏不避暑，冬不避寒"的问题，他在房中挖地砌砖，修了个地下室。因此，当时的西京人流传这样一句话："王家钻天，司马入地。"

司马光为官正派，一生忧国忧民，他看到北宋人民卖儿卖女，无以为生，宗亲贵臣之家都花天酒地，挥霍无度，十分憎恶，他认为："府库之财，民之膏血"，必须节用开支，以舒民力。嘉祐八年，宋仁宗向大臣们赏赐财物，金银珠宝，丝绸绢帛，光彩夺目。大臣们个个乐不可支，有的还觉得皇上给得少。司马光见此情景，十分反感，于是上疏皇上，指出国家正处多事之秋，"民穷国困，中外窘迫"，表示不接受赏赐，他把所得珠宝交给谏院作为办公费。

司马光为人心地善良，经常把俸禄周济穷困的亲戚朋友。有一个叫庞籍的人，死后遗下孤儿寡母，生活无着落，非常可怜，司马光便将他们接到家中，待他们如同自己的父母兄弟，使周围的人深受感动。后来，他的妻子故去了，他竟连安葬妻子的钱也拿不出，只好把仅有的三顷薄地卖掉，安葬了妻子，这就是人们传颂的司马光"典地葬妻"的故事。

司马光不仅自己一生节俭，他还特别重视教育子女要勤俭，他写一篇《训俭示康》一文教育儿子司马康，必须养成俭朴习惯。他说："衣服能以蔽寒，吃的能够充饥就可以了。许多人以奢侈豪华为荣，我独以俭朴为美德。"他还引鲁国的大夫御孙的话说："俭是一切美德的基础，奢侈是万恶的根源。"他引申解释说："凡是俭朴的人私欲就少，有地位的人私欲少，就不会被五光十色的物质所诱惑，就能走光明正大的道路，一般的人私欲少，就能够自身谨慎，节俭花费，避免犯罪，发家致富。所以说，俭是一切美德的基础；奢侈，就私欲多，有地位的人私欲多，就会贪图富贵，离开正道招来祸患；一般的人私欲多，就会多取滥用，败家丧身。因此当官必然受贿，当平民必然偷盗。所以说，奢侈是万恶的大根源啊。"

司马光以其高尚道德赢得了崇高的威信，被誉为"真宰相"。田夫野老，妇人孺子，都知道有个司马相公。宋哲公继位以后，司马光被召回京师，听说司马相公要从洛阳回来了，人们几乎倾城出动，都要亲眼看一看这位“大人”。史书记载当时的情景是：“都人叠足聚观，致马不能行。有登楼骑屋者，瓦为之碎，树枝为之折。”人们都以亲眼目睹司马光尊容为一生荣幸。

司马光晚年，年老体弱，他的好友刘贤良要用50万钱买个女婢供他使唤，司马光当即复信谢绝，说：“吾几十年来，食不敢常有肉，衣不敢有纯帛，多穿麻葛粗布，何敢以五十万市一婢乎？”

司马光的俭朴德行对后辈影响很大，他的儿子司马康做官以后，也像父亲一样节俭朴素，被称为“为人清廉，口不言财”的一代廉士。

宰相夫人下厨房

> 凡不能俭于己者，必妄取于人。
>
> ——清·魏禧《目录里言》

北宋初期，朝廷中有一位谏议大夫，名叫陈省华。陈省华身居高官，却从来不骄不奢。他不但一生要求自己为官清正廉洁，生活俭朴省约，而且还能够极严格地要求妻子儿女也这样做。

陈省华一家，做高官的很多。他的大儿子叫陈尧叟，中状元后在朝廷中累迁至宰相；他的二儿子叫陈尧咨，中状元后官至节度使；三儿子陈尧佐也很早就中了进士，以后当了丞相。陈省华一家人中，做高官的这样多，当时一般的人都以为他家人的生活，一定是锦衣玉食。可了解陈省华为人的人却知道，陈省华持家相当节俭。平时，他家几个儿女出入府邸，除了儿子要上朝外，陈省华从来不让他们随意坐车，而且平时他也不许家人穿美艳华贵的服装。

他家人平时饮食，也相当简单俭朴，陈省华从米不允许随意在家中摆什么酒席，就是家中有贵客临门，或是逢年过节，或是操办红、白大事，非办酒席不可，陈省华也对酒席规格有严格规定，只许比平时稍为讲究些，绝不许大操大办。

更令当时许多人不解的是：陈省华为了使家人养成节俭的习惯，在他家中，只雇有几个必需的仆人和丫环，他的夫人每天要亲自带着儿媳一同下厨房做饭。这在当时，是富贵人家看不惯的。为这事，当时在陈家还曾闹出过小小的风波呢。

陈省华大儿子的媳妇，是个出身于显贵人家的独生女，她的父亲叫马亮，当时在朝中任尚书。陈家大儿媳未出嫁时，在自家是相当娇贵的。由于她自幼聪明伶俐，人长得尤其俊秀，又因为是父母膝下唯一的女儿，所以父母从来都是把她视为掌上明珠。她从很小时开始，自己的衣食住行都是由专门的丫环伺候，自己除了会念点诗文外，就只懂得衣来伸手，饭来张口。

陈家与马家结亲，这其中主要原因是马家认为此亲事门当户对。马家早就相中了陈家大儿子陈尧叟。陈尧叟才德兼备，位居宰相。马家小姐如能嫁到陈家，做宰相夫人，自然会有享不尽的荣华富贵。可完婚后，马小姐怎么也没想到，自己一个阔家小姐，到婆家后，自己的衣食住行，不但没有专人管，自己有时还要照顾公婆；另外，陈家几乎整日是粗茶淡饭，少夫人有时捧碗，真有些难以下咽。然而这一切还都不算什么，最令陈家大儿媳忍受不了的是，婆家居然有这样的规定：儿媳要同婆婆一起下厨房，亲自做饭。

少夫人第一天下厨房，心里好不自在，由于她从来没做过家务，人虽然来到了厨房中，却两眼发直，呆呆地站在那里。婆婆知道她什么也不会，总让她干些省力的下手活，可就连这些，她也做不好，不是把汤水洒了，就是把东西砸了，一顿饭做下来，婆媳俩弄得挺不愉快。

这天晚上，大儿子陈尧叟一回自己房，就见妻子两眼泪汪汪地倒在床上。陈尧叟以为是妻子病了，或是受了什么大委屈，可问来问去，妻子只是一个劲地落泪。最后，在陈尧叟的一再追问下，妻子才说出第一天下厨房的委屈。末了，妻子噘着嘴对丈夫说道："你官位显赫。我家地位也不算低了，可真没听说过在这里还要下厨房。这是哪家的理？"

妻子边说，边哭了起来，最后她用恳求的语调对丈夫说："你就不能向父亲说说，你家的清苦我能忍受，能不能不让我下厨房做饭呢？"

陈尧叟听了妻子的话后，为难地皱了皱眉头，他摇着头对妻子说："恐怕父亲那关很难过，父亲在以俭治家方面一向要求很严。我看，我是不敢去碰这个钉子的。"

陈家大儿媳见跟丈夫这边说不通，心里很懊恼。但由于畏惧公公治家严格，一时也没好再发作。

过了些日子，陈家大儿媳回到娘家，她一进门就哭起来，当她的母亲听说陈家让儿媳下厨房做饭时，大为吃惊。她一边扯着女儿的手心痛地来回看，一边愤愤地说："这也太不像话了。我女儿当小姐时连饭是怎么做出来的，都没看见过，现在当了少夫人，倒要下厨房！他们陈家一定是发了昏了，以为我家女儿是什么寻常人家的姑娘！我家女儿也是尚书家的千金呢！凭什么到他家要干下等人的事！"马夫人越说越气愤，当下就要唤人备车，准备亲自去到陈家说说理。后来，倒是马尚书火气没那么旺，他劝住妻子，并答应以后一定亲自出面找亲家说说，这才暂时平息了夫人的怒气。

几天以后，马亮在上朝的路上碰见了陈省华，两人并肩而行。马亮带着埋怨的口气对陈省华说："亲家，听说你让我女儿下厨房，她从小娇生惯养，哪会做饭？你这不是难为她吗？我看你做得也有些太过分了。”

陈省华听了，立即回道：“她去厨房做做饭，又有什么值得委屈的。那不过是帮助我那笨拙的妻子在厨房里打打下手。如果她连帮这点忙也觉得委屈，难道就让婆婆独自干吗？”

马亮听说陈省华的妻子也下厨房做饭，一时啥话也说不出来。过了一会儿，他才又对陈省华说：“亲家，从前都听别人说您是治家极节俭、严格的，看来这的确不假。现在我的小女就烦你多多教育吧！”

从那以后，陈家少夫人不仅日日下厨房，而且有越来越多的人知道了此事。每当人们向陈省华谈到此事，他总是很认真地说：“别看宰相夫人下厨房是小事，可它可以使家人培养节俭的习惯。我们为官的，宫职越高，越要严于律己，这样才能取信于民啊！”

陈省华的做法今天看来，也不失其现实意义。一人做官，全家得富的现象自古有之，现在也不乏其人。在陈省华看来，宰相夫人下厨房做饭事小，而保持勤俭治家的家风事大。如果因为一人为官，而家人得富的话，骄奢的作风便会自然滋长，这于家于己都是不利的。我们有些家长应当从中吸取教益，做子女的，更不应当因为父母地位的变化而丢掉勤俭这一优秀品质。

王安石不讲吃穿

> 奢者狼藉俭者安，一凶一吉在眼前。
>
> ——白居易

王安石(1021—1086)，字介甫，晚号半山，小字獾郎，封荆国公，世人又称王荆公。汉族，宋临川县盐埠岭(今江西省东乡县上池村)人，中国古代杰出的政治家、文学家、思想家，改革家。在文学中具有突出成就。其诗“学杜得其瘦硬”，擅长于说理与修辞，善于用典故，风格遒劲有力，精辟精绝，也有情韵深婉的作品。著有《临川先生文集》。他出生在一个小官吏家庭。父益，字损之，曾为临江军判官，一生在南北各地做了几任州县官。安石少好读书，记忆力强，受到较好的教育。庆历二年(1042 年)登杨寘榜进士第四名，先后任淮南判官、鄞县知县、舒州通判、常州知州、提点江东刑狱等地方的官吏。治平四年(1067 年)神宗初即位，诏安石知江宁府，旋召为翰林学士。熙宁二年(1069 年)他被提为参知政事，从熙宁三年起，两度任同中书门下平章事，推行新法。熙宁九年罢相后，隐居，病死于江宁(今江苏南京市)钟山，谥号“文”，又称王文公。其政治变法对北宋后期社会经济具有很深的影响，已具备近代变革的特点，被列宁誉为“中国十一世纪伟大的改革家”。与韩愈、柳宗元、欧阳修、苏洵、苏轼、苏辙、曾巩并称“唐宋八大家”。

宋朝著名政治家、文学家王安石一生致力于变法事业和文学创作，对于吃穿打扮这类事情，从来也不放在心上。平时，朋友们看见王安石总是穿着一件旧衣服。有个朋友就说，安石准是有了怪毛病，一定是不喜欢穿新衣服。为了验证这一猜想，有一天，趁洗澡的时候，他偷偷地把王安石的旧衣服拿走了，又放上了一套华丽的新衣服。过了一会儿，王安石洗完澡，拿起那套新衣服，连看都没看，穿上就走。他根本没发现自己的衣服被人换过了。这时，朋友们才明白，王安石专心干事业，对平时穿什么衣服根本不注意。

至于吃饭，王安石从来也不挑拣，家里做什么，他就吃什么，只要能吃饱，就行了。后来，王安石做了丞相，家人们私下传说他爱吃獐脯。这话传进王安石夫人的耳朵里，夫人好生疑惑，心想：相公平日吃东西从来不挑拣，难道做了丞相口味就变了吗？

想到这里，就唤来家人问道：“你们怎么知道相公爱吃獐脯呢？”家人答道：“我们亲眼看到相公不吃别的，只吃獐脯。”

夫人想了想，又问道：

“吃饭时，獐脯放在什么地方？”

家人说：“放在相公面前。”

夫人心中一动，吩咐说：

“明天吃饭时，你们把獐脯放到离他远的地方去，把别的菜放在相公面前，看看相公怎样？”

第二天，家人来报告说：

“我们照夫人的吩咐做了，今天相公只吃了眼前的菜，那盘獐脯连动也没动。”

身为宰相的王安石，虽官高禄厚，但自己不讲穿、不讲究吃，招待来客也不失节俭。

一次，王安石儿媳家的萧姓公子，趁来汴京游玩的机会，特地华衣锦服，来拜相府。这位萧公子，在家娇生惯养，吃惯了美味佳肴。这次来相府，满以为会有什么珍馐美味大饱口福。于是，他一上午禁食节茶，以迎盛宴。

时近中午，仆人来唤。萧公子跟随仆人来至餐厅。出乎公子意料的是，桌上只有几盘家常便菜，几杯薄酒。他有些失望了，又一想：宰相府焉能如此寒酸！酒过数巡，王安石说了声“进汤饭来！”随后，仆人便把一盆汤和两盘薄饼放在桌上。萧公子彻底失望了，只好拿起一张饼，去掉边和皮，勉强吃了饼心，便撂筷了。这萧公子哪里知道，这便饭还是王安石的待客饭呢，他平日只有一菜一汤啊。

王安石看了看桌上的残饼，想：百姓多有食草根、树皮、观音土者，年轻人竟如此不知节俭，怎能兴国立业！于是，对萧公子说：“公子，你读过唐朝李绅的悯农诗《锄禾》吗?”萧公子答道:“读过。”接着,背了起来:“锄禾日当午,汗滴禾下土;谁知盘中餐,粒粒皆辛苦!”王安石捋着胡子说:“背得好!公子,你一定知道这诗的含义吧?”王安石的小儿子抢着说:“我知道,是说农夫顶着晌午的烈日去锄禾,汗滴洒在禾苗下面的土里,谁能知道盘子里的饭,一粒粒都是辛苦劳动换来的。”王安石道:“说得好。既然这盘中餐,粒粒皆辛苦,我们把这残饼吃了吧!”说完,拿起一块,大口大口地吃起来。萧公子见状也赶快抢着吃了起来……王安石倡节俭食残饼的事,一时被传为佳话。

李沆造屋

若夫农之为务用力,勤趋事速者所得多,不用力不及时者所得少,此亦自然之理。

——《朱子大全》

宋朝太宗时,河北出了个大名鼎鼎的人物。他为人正直,庄重严谨,身居高位却不慕虚荣,从来都不肯利用手中的权力为亲友谋取丝毫的利益。因此,他的朋友虽然遍及朝野,但始终没有一个人敢以私事相求。据《宋史》记载,他在年迈退隐居家之后,整日依旧正襟危坐,甚至连身子都不曾有过丝毫的倾斜。这位权倾四方、大名鼎鼎的人物就是中书侍郎李沆。

李沆字太初,洺州肥乡(今属河北)人。太宗太平兴国五年举进士甲科,为将作监丞、通判潭州,召直史馆。雍熙三年,知制诰。四年,迁职方员外郎、翰林学士。淳化三年,拜给事中、参知政事。出知河南府,俄迁礼部侍郎兼太子宾客。真宗咸平初,自户部侍郎、参知政事拜同中书门下平章事,监修国史,咸平初年改中书侍郎,又累加门下侍郎、尚书右仆射。景德元年卒,年五十八,谥文靖。

他秉性亮直,内行修谨,时称“圣相”。文学上,以继承韩愈、柳宗元自许,倡导古文运动,有《河东先生集》。

李沆担任宰相时,从来不向皇帝上密奏。有一次,宋真宗问李沆:“大臣们人人都有密奏,爱卿独无,这是为什么呢?”李沆回答:“我当宰相,公事就在朝廷公开奏对,还用密奏干什么呢?凡是密奏,不是诬陷别人,就是对上献媚,我一向厌恶这种做法,怎么能去效仿呢?”

李沆不仅光明磊落、秉公无私,而且治家极其节俭,从不因为自己官高禄厚,就允许家人有丝毫的奢侈浪费。

李沆早年为了安顿家眷,打算在河南封丘界内建造一处住宅。消息传出之后,前来为李沆出谋划策的热心人络绎不绝,但李沆面对这一张张诚意的笑脸,既不表示同意,也不表示反对,照例寒暄客套一番了事,因此大家都不知道李沆到底打的是什么主意。相反，李沆在这段时间里与家中的管事却经常见面，两人经常在一起嘀嘀咕咕，悄悄核计着什么。

新屋终于落成了，当初积极为李沆出谋划策的人们少不了要前来祝贺一番。大街上熙熙攘攘、热闹非凡。客人们远远瞧见新居的门楼又矮小、又素淡，不免产生了几分遗憾，有的人甚至还窃窃私语起来。看见大家颇有微词，一位老于世故的县官走过来，挺神秘地对大家说道："各位谁也不曾进得院内，怎么能单凭大门就判断宅第的好坏呢？门楼建得尽管矮小，但并不妨碍宅内的建筑。财不外露，我看这正是咱们李大人的高明之处。"

众人听县官这么一说，越发来了兴致，个个伸长了脖子，专等大门一开，好跑到里面看个究竟。

李沆见客人们前来道贺，当然不好拒绝，于是就带领众人来到新宅之内。只见庭院之内青砖墁地、绿草茵茵，除了几株迎风怒放的海棠和迎春花之外，竟再也找不到什么珍奇的东西。再往四周望望，青砖灰瓦，全然是个普普通通的四合院，连个奇花异石的影子也看不见。来客见状，不免又有些遗憾，可想起刚才那位本地县官的议论，只好抱着最后一线希望继续观览下去。大家鱼贯来到后面的庭院，可依然没有看到任何令人兴奋的东西，不免都大失所望。

这时，当地的一位老乡绅忍不住站出来说："李大人，您贵为大臣，建造一座华丽的宅第本不为过，如今您既然不愿意奢费也就罢了，可把新居建得如此节俭，厅堂堂前狭窄得只够一匹马转身，这与您的身份不是也太不相符了吗？"

李沆望了望激动的老乡绅以及失望的客人，又瞧了瞧一旁侍候的管事，然后才笑了笑说："从列位的表情上不难看出，这宅第似乎叫人有些失望。其实，营造房屋的目的不过是为了避风遮雨，而且将来总要留给子孙后代的。我这个人没有什么本领，由于皇上的偏爱，我才做了中书侍郎，并经常要与贤能的人们在这里讨论一些公务。如果这样看，这宅第是显得有些狭窄了。然而事实上，我作为当朝大臣利用这所宅第的时间毕竟是十分有限的，真正在这里长久居住的还是我的子孙后代们，而他们在这里不过是为了生活起居和读书习礼，与寻常人家并没有什么不同。由此看来，这宅第和厅堂已经够宽敞的了。"

客人们见中书侍郎如此显贵，还能在生活上对自己和家人要求如此严格，一个个都自惭形秽起来。

过了很多年以后，李沆已是一位须发皆白的老人。家人见他年事已高，就想专门为他建造一所好宅第，作为老人晚年的欢娱之所。然而，每当家人提起此事，都遭到了李沆的断然拒绝。

这天天气晴朗，李沆的弟弟李维

前来探望兄长。兄弟二人久未相见，见面之后不免格外亲切。李维见哥哥精神尚好，就天南地北地聊了起来，聊着聊着，李维忽然想起了造屋之事，就对李沆说道："兄长一生节俭清廉，如今老之将至，又何必非要拒绝家人的一番心意呢？"

李沆见身为户部员外郎的弟弟也前来为家人游说，就语重心长地说："我在朝为官多年，享受朝廷丰厚的俸禄，而且常常得到皇上意外的赏赐，要说建造一座舒适的宅第，我估计口袋里的钱还是够用的。但是我为官多年，家人已经享受到了许多普通百姓享受不到的东西，我最担心的就是他们在安逸的生活中丧失斗志，养成慕奢忘俭的陋习。我如今年事已高，朝不保夕，盖了华贵的住宅，还不是要家人去受用。如果我这样做了，那不是等于我自己在为家人创造享受奢华的机会吗？你是他们的叔父，又是朝廷命官，在这件事上不去开导他们，反而为他们开脱，这实在是辜负了我对你的一片厚望。"

李维听了哥哥发自肺腑的一番教诲，内心受到了极大的震动，想起兄长一生要求自己和家人厉行节俭，如今到了垂暮之年也不肯有丝毫的松懈，不禁感动得潸然泪下。从这以后，不光是李维，就是全家中的任何一位成员也再没有向李沆提及此事。

身居高位的李沆把自己的物质生活看得很淡，注重节俭的美德，这是其一。

其二是对子女保持节俭的教育有方。也不愿子女因为自己的官位而享受奢华的生活，从而在安逸的生活中丧失斗志。现在不是也有的人利用自己手中的权力，连孙子的房都占好了吗？这种人同李沆相比，不知该作何感想。

赵匡胤教女俭朴

> 凡事俭，则谋生易足；谋生易足，则与人无争，亦于人无求。
>
> ——清·钱泳《履园丛话·俭》

后周显德七年(960)，赵匡胤取代了后周，建立了宋朝。

赵匡胤为宋朝第一代皇帝，在位期间公元960—976年。

公元927年3月21日，赵匡胤生于洛阳夹马营的一个军人家庭。相传，伴随着婴儿的出生，"赤光绕室，异香经宿不散，体有金色，三月不变"。

《宋史》太祖本纪中曾云："宋太祖起介胄之中。"匡胤的父亲赵弘殷，曾是后唐、后晋、后汉、后周四代王朝的禁军将领。少年时的匡胤，《宋史》评之为"既长，容貌雄伟，器度豁如，识者知其非常人"。

赵匡胤出生时，威赫数百年的大唐帝国已经在世界上消失整整20年了。一个平衡被打破，接踵而来的就是长久不息的动乱。他受家庭的熏陶，自幼爱好骑射和练武，并摔打出一身的好武艺。赵匡胤可谓武功第一的皇帝，自创太祖长拳，整套拳路演练起来，充分表现出北方武术的豪迈特性，为中国武术界六大名拳之一，他还发明了“大小盘龙棍”，就是后来的双节棍。同时他还是一个勤学的皇帝。在他幼年时，其父曾一度要他弃武学文，替他请了一位很有学问的先生，给他打下扎实的文化基础，懂得治国平天下的道理，而且养成了爱读书的习惯，据说他的好学已达到了“手不释卷”的程度。

赵匡胤在位 17 年，他重视农业，鼓励垦荒，兴修水利，提倡节俭。他出身寒微，当上皇帝之后，并没有因此而奢侈起来。他的生活仍然非常俭朴。平时穿的衣服都是很寻常的“浣濯之衣”，上朝穿的衣服也是用普通绸布制作的皇袍，冠戴没有珠宝玉饰。他的“寝殿设青布缘苇帘，宫中辜幕无文采之饰”。如果不是宴会，吃饭器皿只用瓷器、漆器而已。床上的蚊帐破了，也不肯换新的。

赵匡胤在位期间不仅自己过布衣蔬食的俭朴生活，就是对他的子女及其他官宦人员也提倡节俭。要求“后宫衣不锦绣、侍御履不二采”。

赵匡胤的女儿永庆公主出嫁后，经常出入宫中来看望父母。她的衣着比较讲究，穿一身昂贵的贴绣铺翠襦。像这样的服饰在当时对于一位皇家公主来说，并不算过分。可是，赵匡胤看到了便说：“自今以后，你不要穿这种衣服了。”公主辩解说：“这能用多少翠羽呢？”赵匡胤说：“你穿这种衣服，浪费是一方面，宫闱与戚畹贵族一定争相仿效。这样一来，京城中的翠羽便要涨价，小民为了逐利，辗转贸易，岂不使许多人舍本逐末？”

有一次，永庆公主来到宫中，看到皇帝的轿子一点都不华贵，就劝赵匡胤用黄金装饰一下肩舆(轿子)。赵匡胤不但没有接受，反而非常生气地说：“我拥有四海之富，宫殿可以用金银作装饰，这些随时可以办到。但考虑到我是为天下守财，岂可妄用。古称以一人治天下，不以天下奉一人。况且用百姓的钱财来奉养自己，倒是快乐了，那么，使天下人怎么看呢？”

宋太祖赵匡胤的节俭言行，流风所及，使朝廷大臣很受感动。

宋初大臣中也有不少生活俭朴的人。宰相范质就是节俭的典型。皇帝、宰相都如此简朴，其他人自然也不敢过于奢侈了。

董三泉买“木”

> 轻而多取，吾宁寡而俭用。
>
> ——弘一大师《格言别录》

董三泉是明朝时期一位为人正直

的官吏，先后做过县官、知府。在他为官期间，他总是勤于公务，想尽各种办法为百姓兴利除弊，做更多的好事。

董三泉在生活上十分注重节俭，他不仅自己生活起居一切从简，住的是普普通通的宅所，平日里吃的是粗茶淡饭，而且还非常注重治家勤俭。他家里的家具，不仅样式早已陈旧，而且表面油漆早已剥落，他妻子有心想劝说他置办些新家具，可董三泉却说："我们的生活比一般平民百姓高出不少了。这些家具如果是放在贫穷人家，还是好东西呢。人家能用，我们为什么不能用？"

董三泉对子女也要求很严格。平日里他不许自己子女总穿绫罗绸缎，而要他们多穿粗布缝制的衣服。别的有钱人家的子女出门时，常常坐着华丽的车轿，花起钱来大手大脚。董三泉决不允许自己的子女这样做。一是他家里根本没有豪华的车轿，二是他根本不允许儿女动不动就以车代步。

由于他生活俭朴，对家人要求又很严格，他儿子有时禁不住抱怨他说："人家当官没几天，家里又买田，又盖房，都发了大财。可您当官十几年，还是什么也没有。我看将来您年纪老了靠什么？"

董三泉听了这些话后，总是笑笑，然后对儿子说："我老了，就靠你们啊！如果我现在不教你们学会勤俭。你们穿的，吃的都来得容易，不会艰苦奋斗，将来我老了，不要说靠你们养活我，就是你们自己养活自己也会成问题呢。我看，如果那样的话，发愁的不是我，倒是你们了。"

有一年，董三泉被派往四川一个偏僻的地方做知府，那里离家遥远，条件很差。可过惯俭朴生活的董三泉对这些毫无惧色。他接到任命后，回家迅速做准备。临动身时，他的几个儿子恳切地对他说："父亲，您老年纪已经不小了。您不为家里着想，也该为您自己想想啊！您现在要去四川，听说四川出产好木材。你去那里后，是不是顺便买些回来，这样也好为您老早早备下像样的棺木啊！"。董三泉听了先是不以为然，后来见几个儿子一再说，他才点点头答道："好吧！到时候我根据情况自己斟酌着办吧！"

他的几个儿子见父亲这回总算答应了这件事，个个心里十分高兴。可是，董三泉走后，一年过去了，他的家人没有得到关于他买木的消息；两年过去了，董三泉给家人来信，依旧半个"木"字没有提；到了第三年、第四年，董三泉好像早把买木头的事忘到了脑后，他与家人回回通信，回回没有提起买木头的事。他的大儿子见父亲总是不谈此事，终于有一天耐不住性子，在给父亲的信中再三催促父亲，并又把四川的木头夸耀了一番，让父亲务必抓紧机会。

几个月以后，董三泉给家里人回了信，这回他在信中倒是很主动地说起买木头的事，他在信中一再表示：四川的确有不少闻名的木料，他一定会想办法把四川的木头带回来。

可是，又过了些日子，他的几个儿子还是没有见到父亲买的木头。

又过了两年，朝廷又由四川把董三泉调回他的家乡做知府。这回他的几个儿子十分高兴，但同时又在担忧：父亲这一回来，恐怕难有机会再去四川了。可现如今父亲年事已高，父亲棺木的事还真得认真办呢。于是，他们又一次去信催促父亲买木头的事。

这年初冬的一天，董三泉从四川回到了家中。他的几个儿子一见父亲的面，几乎是异口同声地问："您答应我们买的木头呢？带回来了吗？"

董三泉望着儿子们焦急的神情，不紧不慢地说："带回来了，带回来了！我说一定带回来，就一定会带回来。"说完，他用手指着一个装着鼓鼓的大布包，继续说道："带回来了，它们全在这个包袱里呢！"

董三泉的几个儿子见父亲这样说，一时全弄蒙了。他们你望望我，我望望你，全都说不出话来。末了，他们的目光一齐落在了父亲手中的大布包上。

董三泉一边解着布包的结扣，一边语重心长地对他们的儿子说："孩子们，你们不是劝我一定要带回一些好木材吗？我的确没有忘记这件事。但是，你们想想，四川离我们家乡路途有多远。从那么远的地方把木料运回来，要花费多少钱财啊！我们怎么好这样铺张浪费，不注意节俭持家呢！"

董三泉说到这，打开了手中的包裹。然后从中取出一个小袋子，对儿子继续说道："四川的木材的确有不错的。我这次回来时，特意让人帮我找了一些优质树种。你们想，我们如果把这些树种种在家乡，再过二十年、三十年，它们就会长成参天大树。你们想，到那时候，不但我们家里不愁缺少好木材，咱全乡的百姓也会有好木材用了。你们说，这不比仅为我弄点木头要好得多吗？"

他的几个儿子见父亲这样说，都连连点头赞同。就这样，没过几年，董三泉的家乡开始出现了大片大片碧绿的森林。董三泉节俭持家、厉行廉洁的美好品德也在家乡人民中越来越广泛地传颂。

细细掂量一下董三泉买"木"的办法，既做到了节省，又起到了积累作用。一般来说，家庭生活要提倡俭朴，反对奢侈，也要精打细算，减少浪费。能够修补的东西还是要修补，以求继续使用，能暂时不添的东西，就先放一放，使资金得到积累，过后再寻求较为节省的方式。即使家庭经济条件许可，也仍要注意勤俭节约。董三泉那段对儿子语重心长的话，是节俭治家的良策。

勤俭为国

QIN JIAN WEI GUO

晏婴清俭为相

去老者，为之乱；纳少者，为之淫，且夫见色而忘义，处富贵而失伦，谓之逆道。

——晏婴

晏婴(？—前500)，又叫晏平仲，是春秋时期齐国的宰相。他先后侍奉齐灵公、齐庄公、齐景公。作为国君的主要助手，晏婴节俭朴素，关心人民的疾苦，是春秋时期有名的清俭典型。他侍奉三世国君，名声显扬于诸侯，人们都尊敬地叫他"晏子"。

有一天，齐景公的一位大臣去晏子家，正赶上晏子在吃饭。晏子请客人同他一起吃，可是饭是按一个人做的，结果客人没吃饱，晏子也没吃饱。后来这位大臣把这件事告诉了齐景公。齐景公吃了一惊，说："啊？晏子家里这么穷么？"

随后，他派人给晏子送去许多钱和粮食，还给晏子带话说："这些钱和粮食，是专门给您招待宾客用的。"

晏子坚决不收。齐景公又接连两次派人来送，都被晏子谢绝了。齐景公有点不高兴，晏子就去向他解释说："我家并不穷。一个大臣为国家办事，得到报偿。他拿这些报偿去为百姓造福，那就是替君主来治理百姓了。如果一个大臣要把君主给他的报偿都独个藏起来，那他再富有也不过像一只箱子罢了。最后他死了，财产还要换新主人的。这种替别人看管钱财的事，聪明人是不会干的。我只要有饭吃，有衣穿就知足了。"

过了些日子，齐景公想看看晏子过的日子究竟怎样，就亲自到他家。一进门，也赶上晏子正在吃饭。他上前仔细瞧了瞧，见晏子吃的是糙米饭，旁边有两小盘菜。一盘是野鸟肉，一盘是炒青菜。

齐景公长叹了一口气，对晏子说："您吃的饭这样差，我真不知道。这是我的过错。”

晏子刚要说什么，齐景公拦住他：“您别说了。从前我要给您土地和钱粮，您总推脱不要，这回说什么我也要给您了。”

“我吃得很不错了。”晏子搓着双手，对齐景公说：“别说现在老百姓还要挨饿受冻，就连士人(等级比老百姓高的一种人)每顿也只是用米饭填饱肚子。我加上一盘鸟肉，等于士人吃两顿；再加上一盘炒青菜，顶士人吃三顿。我并没有高出一般人的品德，倒是吃了等于三个人的饭，怎么能算差呢?”

说完，晏子离开位子，对齐景公再次恭拜表示感谢，可对于额外的赏赐却无论如何也不肯收。

晏子的住宅临近闹市，下雨天道路泥泞，晴天的时候又尘土飞扬，房子又矮又潮。景公让他换住到一个干燥的地方去，说：“您选一个地势高爽、清静人少的地方，我给您盖一所宽敞明亮的大房子吧!”

晏子婉言谢绝说：“我的先人一直住在这所房子里，并没有感到不满足。”

可是后来当他出使晋国时，齐景公让人毁其住宅以及邻人的房舍，为他扩建成新居。他出使归来，一面拜谢景公，一面又恢复所拆邻人的住宅，和他们一起各还其居。

还有一次，齐景公见晏子上朝的时候坐一辆很旧的车，拉车的马也又老又瘦，就暗地派人给晏子家里送去一辆新车。

晏子回到家，看到院子里停着一辆崭新的车子。拉车的四匹马，全是枣红色的高头大马。他知道这一定是齐景公派人送来的，立即返身上车，吩咐仆人赶着新车，跟在他后面，把新车送回去。

齐景公见晏子又把车送回来了，很不高兴，赌气地说：“您不接受我送的新车，以后我就不坐车了。”

晏子说：“我不能和您比。您派我管理全国的官吏，我应该给百官做个节俭的好榜样。要是您坐华丽的车，我也坐华丽的车；您驾车的马雄壮高大，我驾车的马也雄壮高大，百官就要跟着学。我还怎么管教他们，禁止他们奢侈铺张呢?”

晏子没有接受齐景公给他的车和马，出门仍然是坐着那辆破旧的马车。晏婴身体力行努力推行节俭，受到齐国人民的敬重。

壶叔告诫重耳节俭

> 俭，德之共也；侈，恶之大也。
>
> ——《左传·庄公二十四年》

春秋时期，晋国国君晋献公听信谗言，误以为他的儿子重耳有谋取君权的打算，十分生气。于是，他下令捕杀重耳。

重耳连夜带着亲信逃出晋国。途中，他的掌管钱财的家臣叛离。从此，他们身无分文，靠乞讨奔向齐国。

在齐国躲藏了一些日子，他过得并不顺心。在几位心腹家臣的帮助下，重耳又流亡到了秦国。秦穆公看到重耳一表人才，就招他做了女婿。

公元前636年，秦穆公对重耳说："我决定出兵晋国，送你回去挑起国君的担子。"

重耳想了想，说："可以，只是大王率兵到了黄河边上即可，作我的后盾，不必过河。"秦穆公点头答应了。

半月以后，秦国军队浩浩荡荡开到了黄河渡口。重耳望着对岸的晋国土地，自言自语地说："19年过去了，现在我终于又回来执政了！"

秦穆公派出一部分军队，由重耳率领过河，他自己则驻扎在河西，以作接应。

重耳向秦穆公告别以后，下令迅速渡河。过了一会儿，人马没有动静，重耳皱起眉头问："为什么还不行动？"部下禀报说："公子，壶叔讲，再等一会儿。"

原来，这壶叔是重耳的家臣，专管行李。他对重耳忠心耿耿，追随其身边。逃亡期间，吃了许多苦，挨饿受冻，因而很懂得省俭。此时公子与众人马上就要返回晋国，他把重耳逃难时穿的旧衣服一件件洗好，包得整整齐齐，准备带过河去。接着，他又将重耳早上吃剩的冷饭晾干，装好，让人送到船上。

重耳又等了一会儿，心中十分着急，于是，他匆匆下船，来到壶叔整理行装的地方，看看到底是怎么回事。到了一只船边，他看到壶叔在匆匆整理搬送破破烂烂的东西，又好气又好笑，说："壶叔，你太糊涂了！我们现在不是逃难，而是返回晋国。我要当国君了。你想，到那时要啥有啥，你收拾这些东西有什么用？"

不等壶叔说话，重耳就命令将士："别装船了。已经装上船的，扔进河里。什么破旧物品也不要带过河去！"

壶叔听后，非常气恼，大声制止。然后，转过身来，指着重耳的鼻子，责备说："公子，您的话不对！这些东西虽旧，可它们陪您19年了！您难道忘了吗？流亡中您差点儿冻死饿死，是它们帮助您渡过了难关。何况这些东西还能用。您不能好了伤疤忘了疼呀！"

重耳听不进去，还是坚持把这些东西扔掉。重耳的老臣狐偃看到重耳不听规劝，大手大脚，也很伤心。于是取出秦穆公送给他的白玉说："如果您决心要抛弃这些有用的物品，您也像抛弃那些破烂一样，将我们也抛弃吧！就凭这些，您不会成就大业的。跟从您的日子该结束了，这块白玉就作为分别的纪念吧。"

狐偃的话像警钟一样，使重耳认

真思考起来。他觉得壶叔与狐偃说得有道理，自己怎么一下子糊涂了！地位变了，就喜新厌旧，大手大脚，那怎么能治理好国家呢！

重耳终于想通了，命令部下："按壶叔说的去做，有用的东西一律留下，把丢到岸上的那些东西也都捡回来。"

越王勾践勤俭兴邦

> 居丰能俭，在富能贫。
>
> ——《晋书·陆云疏》

越王勾践是春秋末期的最后一个霸主，他灭掉吴国后，和齐、晋两个大国会盟于徐州，东方各诸侯国都来向他朝拜，连周王也派人来送给他祭祀的肉，这是上对下的一种重礼。越王勾践成了春秋时期最后一个霸主。他是如何由一个被俘虏的养马奴仆，上升到霸主地位的呢？这里还有一段他发愤自立、勤俭兴邦的故事呢。

公元前 494 年，越王勾践仓促出兵攻打吴国，结果被吴王夫差打得大败，带着五千残兵退到会稽山地。吴王长驱直入，把越王团团围在会稽山上，越王勾践没有办法，只得向夫差投降。结果他和夫人及大将范蠡统统被抓到了吴国作人质。勾践做吴王养马的下贱仆役，夫人干挑水、扫粪的苦活，范蠡做囚奴，整整干了三年，他极尽讨好孝忠之能事，还几次差点被伍子胥劝吴王处死，才于公元前 490 年得以释放回国。

惨遭这次亡国被俘的痛苦，越王勾践决心发愤自立，勤俭兴邦。首先，他把自己的都城迁到卧龙山上，自己在小都城附近建一个简陋的"箭楼"，面向吴国，表示要报仇雪恨。自己睡在柴草堆上，穿布衣，吃粗粮，还在房中挂着一个"苦胆"。进出房门都要舔一下，提醒自己不要忘记亡国的仇恨。还时时问自己："你忘了会稽的耻辱吗？"他和妻子跟百姓一起劳动。不是自己种的粮，他不吃，不是自己妻子织的布做的衣裳，他不穿。吃饭时不吃肉，穿的衣服不能有花、有鲜艳的颜色。夜晚劳累得想睡时，他用辣蓼草来辣眼睛，使自己打消睡意。脚冻麻木了，他干脆把一双脚放进冷水里去冻，让双脚失去知觉。夏天热得受不了，他故意靠拢火边去烘，让自己经受各种艰苦的磨炼。他为了保全国家，知道吴王爱好穿戴，便亲自到葛山上去种葛，然后要妻子精心织成布，奉献给吴王，以讨得吴王的信任。他亲自种麻作弓箭，亲自养猪养鸡，宰杀后自己不吃，拿去慰劳士兵，而自己到蕺山上采鱼腥草来食用。

勾践知道，要使国家富强，一定要鼓励耕作，发展生产。他积极兴修水利，薄收赋税，大力发展农业和渔业。规定凡新开的土地，十年不上税。要人民每家都要存蓄足三年的口粮，以备灾荒、打仗之用。他还亲自建立了养犬的犬亭山，养豕的豕山，养鸡的鸡山，养鹿的鹿山。开辟鱼池，大力养鱼。还要范蠡去建立一整套手工业，炼铜炼锡以制造武器。由于国王身为表率，全国上下，臣民百姓，便都兴起了一股节俭、勤劳的风气，全国的生产很快地发展起来了。

一天，将军范蠡、文臣文种来勾践的小箭楼，正遇见越王夫妇在用饭，只见菜无肉、饭无净粮，二人都十分感慨地说：

“大王，现在越国日益富强了，你何苦还要这样折磨自己呢！”勾践笑了笑说：

“我不是折磨自己，我是磨炼自己。一个人的意志宏图，好比一口锋利的宝剑，如若束于室中不用，天长日久，它就要生锈、腐烂，若是经常在砺石上磨琢，它便能永远保持锋利。勤苦、俭朴就是磨琢意志的石头，我是一时一刻也少不得的。”

文种说：“越国失败之时，大王这样砥砺自己，这是好的，而如今国势不同了，大王再如此清苦，便会被国人讥笑。我和范蠡将军商议，我们已在都城之外又建了大城，并建有宫殿。今日特来请大王迁至宫中，好处理国事，接见群臣。”

范蠡见勾践摇头，便赶快接上说：“我们越国现有精兵 10 万，已造战船 300 艘，储存了 5 年的粮食，人民生活安定，乐于生产。我们又用了正确的谋略，远联晋、齐、楚，孤立吴国，又买通了吴国太宰嚭，除掉了吴国的重臣伍子胥，陆续送了美女西施、郑旦等给吴王夫差，现在吴王已沉溺于酒色之中，不理政事。我们只要等到一个好时机，便可出兵伐吴，仇可以报，霸业也可以兴了。您作为一国之主，怎能还偏居在这城外的箭楼里呢？”

勾践听后高兴地说：“我兴国之初，军事的事全交给范蠡，国政的事全交给文种，你二人不负寡人的重托，把国家治理得如此的富强，我十分高兴。至于迁进宫，我早有誓言，国耻未雪，寡人决不停止卧薪尝胆，决不离开面向吴国的箭楼，请你们不要劝我违背我的诺言。”

二人无法，只得非常遗憾地离开。后来，越国的百姓知道这件事后，更是感动万分。老人、妇女、妻子都勉励自己的孙子、儿子、丈夫，时刻准备为报仇雪耻去战斗。

公元前 482 年，勾践趁夫差北上大宴诸侯于黄池之机，水陆并进，向空虚的吴国国都姑苏进攻，俘虏了吴国太子友。当勾践出发那天，百姓送来饭食，争相劳军，拿来美酒为勾践饯行，出现了“父勉其子，兄勉其弟，妇勉其夫”的动人场面。最后，越国于公元前 473 年打败吴国，逼使夫差在姑苏山上自杀。

灭了吴国之后，勾践才离开箭楼，迁都琅讶（今山东胶南县）。

汉文帝不建露台

俭节则昌，淫佚则亡。

——《墨子·辞过》

故事发生在西汉文帝刘恒继位后十四五年的时候。

汉文帝刘恒，本是汉高祖刘邦的儿子。光和二年(前 179 年)7 月，吕后病死。9 月，大臣陈平、周勃等群起诛之，最后灭掉诸吕，并扶植刘恒即位。

刘恒坐了天下后，首先制定了一系列有利汉朝经济发展的措施，于是很快，便出现了国泰民安的太平盛世。从此百姓对文帝也倍加拥戴。

文帝继位后，不仅注重朝中现行政策的开明，还十分注意自身的言行。因为他知道：为君者，有如一国之父。国君的一言一行，往往有如治国安民的法令。由于文帝自幼生活在地远势偏的代国，生活比较艰苦，因而他对百姓的疾苦有一定了解。这样，他做了皇帝后，十分注重倡导治国节俭，更注重要求自己带头身体力行。

这一年，文帝颁布了“废除田租”令，百姓大部分有了耕田，皇室政权也更加巩固。于是，有人建议：文帝应建一座比一般皇宫还要高的宫殿——露台。这样，文帝站在高高的宫殿之上，可以看到宫殿以外很远的地方。它既可以显示出文帝所建功业超出以往一般帝王，又可以进一步突出当今皇帝特有的威势。

文帝最初听到这个建议，并没有认真思索，他觉得：建一座宫殿也并不算是什么奢侈的事，先王中许多明君都这样做了，更何况自己即位十几年来，一直住在父皇留下的旧宫中。于是，他很快同意了。不过，他在下诏要造露台前，一再叮嘱大臣：要尽量少动用国库中钱财，露台建筑不必追求奢华。

文帝要建露台的旨令传下后，朝中上上下下的大臣们很快行动了起来。他们先很快组建了一个由专门人员负责的“露台筹建机构”，然后迅速向全国招募最出色的建筑工匠，并让他们夜以继日地设计出最好的露台图样。

露台图样设计好后，有的大臣提出：图样设计得虽够气派，但过于讲究，这不符合当今皇帝倡导节俭的国风，因而提出推翻设计图样；但更多的大臣则不这样认为，他们强调皇宫的气派，豪华是皇帝权力的象征，当今正逢太平盛世，皇恩浩荡，如果露台太小气，太素朴，岂不有损当朝君主的皇威？于是大家还是坚持现有的设计图样，并准备将它禀报文帝，等待批准。

文帝见图样后，先是为工匠们高超的建筑技艺而惊叹。但很快，大臣们见他眉头紧锁，继而带着极不安的神情说："这恐怕过于奢华了。"

文帝的话音刚一落，文帝面前立马站出了几位热心露台建筑的大臣。他们中有的强调：陛下即位后十几年没建一座宫殿，这已是先王中少有的；有的则历数文帝当政后生活中注重节俭的事实，诸如一向带头不穿上等丝绸缝制的衣服，对宫中妻妾费用加以限制等。他们认为：文帝在节俭方面，已为天下人做出了榜样，现在陛下建一座稍微气派点的露台，花些钱，实在不必苛求。

文帝听了这些大臣的话后，没有再马上表态，而是又将露台设计图样反复端详了一番，然后他把朝中负责财政的大臣找来，指着"露台图样"，态度极认真地问道："你说，要建成这座露台，得用多少钱？"

财政大臣最知道文帝十几年来生活一向反对奢华，但现在他也认为皇帝要建一座像样点的宫殿的确不算什么。于是，他望了望图样，迟疑了片刻，慢吞吞地吐出一个他自认为文帝尚可接受的数字。他说："估计一百金足够了。"

"什么？建造一座宫殿要耗费一百金！"文帝听了财政大臣的话后，眼睛睁得大大的。

财政大臣是位上了年纪的老臣，他见陛下一脸吃惊的样子，忙捋着胡须继续说道："陛下，建露台是大事，一百金不足惜。陛下平日崇尚节俭，这的确是明主治国的上策，但陛下提倡节俭的同时，也不能忘了弘扬皇权的威严。因而露台建筑花费过于拮据，臣认为不足取。更何况，国库这几年已相当殷富，拿出这些钱财来已不算是什么难事。望陛下……"

财政大臣还要说下去，这时只见文帝已从御座上站了起来，他一边摆着手，一边对大臣们说："一百金可不是个小数目啊！它已抵得上当今十户中等人家的全部财产。朕从前一再倡导节俭，并注意从生活小事方面身体力行；现在，在动用国库这样的大事上却大手大脚，一挥手就是一百金，这岂不是让天下人责怪朕轻大重小吗？再说，国势现在刚刚稍好，如果蔓延起奢侈浪费之风，奋发的精神就会消退，国势就又会衰弱。朕一带头先行奢华，下面浪费之风会如决堤的水，到那时，再去补救恐怕也难了。"说完，他没等大臣们再说什么，当即作出决定：露台不造了！

就这样，文帝经认真思索，没有造露台。此事传出后，天下人纷纷赞誉文帝节俭的美德，并争相仿效。一时举国上下节俭蔚然成风。

汉文帝厉行节俭，不仅表现在一时一处，公元前157年，汉朝许多地方旱情严重，蝗虫成灾。文帝闻此消息后，立刻作出决定：各地暂时不要向朝廷进贡物品，并且宫中要把一切费用开支压到最低限度，以此帮助百姓度过灾年。

他在朝时，大臣们同他商议为他

建陵墓的事，他一再叮嘱大臣：陵墓修得不准过高、过大，其中装饰一律不准用金、银、铜、锡等贵重金属。在他临终前，他还一再嘱咐他的儿子和身边大臣，不要用珍宝等做陪葬品。公元前157年，文帝病逝，了解文帝的大臣们说：他从公元前179年登基至病逝，在位22年间，他不仅没有修过一座豪华的宫殿，就是在他所住宫中建一座像样的花园，他也不允许。他宫室中所需器用，20多年来几乎没有增加。

在我国古代，作为一国之主不惜耗费大量人力财力为自个营造殿堂、楼台之类的，这是常有的事，在当时看来似乎是理所应当，不足为奇。汉文帝是有名的“贤君”，在他和后来景帝的统治期间，出现了历史上较为繁荣的“文景之治”。可以想得到，这与汉文帝的治国良策是分不开的，而这治国之策的重要一点，就是注重节俭。俗话说，上行下效。设想一下，如果文帝挥金如土，不惜一切满足自己的欲望的话，下面势必仿效起来，那样还谈什么治国兴邦呢。

召信臣革除奢靡之俗

> 取之有度，用之有节，则常足。
>
> ——《资治通鉴》

西汉时期，有位南阳太守，名叫召（音部）信臣，他励精图治，兴利除弊，仅几年工夫，当地风气大变，百姓安居乐业。

当时正是汉元帝在位时期，西汉王朝由极盛开始衰败，元帝继位后沉湎于酒色，大小政事委任宦官石显，从元帝到贵戚近臣竞相奢侈挥霍，土地兼并日重。上行下效，朝廷的腐败风气很快蔓延到各地。河南南阳与其他地方一样，旧的风俗盛行，民间遇到红白喜事都要大操大办，破费巨大，弄得百姓叫苦不迭。许多人家因嫁女娶媳生老病终而花费大量钱财，从而数年不得翻身。有的只图一时风光而忍痛借高利贷，最终家庭破败。南阳地区地主势力很大，攀比之风更盛，豪富们与府县官吏、游手好闲的纨绔子弟相互勾结，依仗权势，推波助澜，鱼肉乡里。腐败的社会风气使南阳社会秩序混乱，盗贼横行，百姓苦不堪言。

召信臣深知礼俗的危害，下决心改变这股恶习。他一面大力倡导勤俭节约，一面下令禁止婚丧嫁娶铺张浪费。他还采取措施，打击地方恶势力。对游手好闲者严加痛斥，限令改邪归正；对已经当官的坚决罢免；对违法乱纪，鱼肉百姓者，则绳之以法。从此以后，南阳风俗大变，秩序安定，盗贼罕见，人人努力耕稼犁田，百姓日益富庶。

元帝末年，召信臣升任少府。他坚持勤俭治国，节约开支。任职不久，奏请压缩土木工程，停止修缮和铺张陈设一些皇帝很少光顾的宫馆。又奏请取消由宦官组成的皇家乐队，提议将供给卫宫馆卫队的物品削减一半。这样，在一定程度上限制了腐化风气的发展。

召信臣任少府以前，太宫园内里曾建有温室，是专供皇室膳食的，每到冬令时节即提供生葱、韭菜等各类鲜菜。温室建得很考究，菜地四周盖起带庑廊的房屋，日夜生火以提高室内温度，使之在寒冬腊月，也能保证植物生长的温度。这样温室耗资可想而知。召信臣认为，这些设施劳民伤财，应该取消。于是，他借口温室里生长出来的东西不合时宜，不可用来贡奉皇帝，奏请一概废除。仅这一项，每年节约开支数千万。

召信臣千方百计革除奢靡之风，倡导勤劳节俭，深受百姓欢迎，百姓都称他为“召父”，为纪念这位“召父”，南阳吏民为他立祠造庙，世世祭祀不绝。

刘宠投钱清江

居丰能俭，在富能贫。

——《晋书·陆云疏》

东汉后期，朝政腐败，官吏贪赃枉法，苛捐杂税多如牛毛。有钱有势的豪门贵族，处处强占土地，霸占山林。真正的农民无地可耕，到处流浪，这真是“豪门沃野千里，平民无立锥之地”。社会因而动荡不安，人民叫苦连天。就在这样一片苦难、混乱、黑暗的社会里，却有一片社会安定、生产发达、人民生活与别处大不相同的地方。史书说是“狗不夜吠，民不见吏”，就是说由于社会安定，没有小偷强盗，没有坏人，所以夜晚的村巷中没有狗狂叫。当地政治清明，府县廉洁，人民见不到横行乡里、欺压敲诈人民的贪官污吏。这方净土就是当时的会稽郡，就是现在的浙江省绍兴。为什么外面一片黑暗，这里却有一点光明呢？就是因为这里有一个清正廉洁、宽政爱民的太守刘宠。

刘宠是刘邦的后代，他的父亲刘丕因博学多才称之为“通儒”，是个很有学问的人。刘宠自小受父亲的教育，加之自己聪明刻苦，年轻时候就是个很有学问、很有才华、品德优良的人。被地方官推举给朝廷，朝廷先后让他出任了“将作大匠”、“司徒”、“太尉”等大官。他出任会稽太守以后，第一，减轻了人民的负担，先后削弃了各种苛捐杂税近 20 种，使农民有生产积极性，国库的收入反而增加了。第二，他严惩贪官污吏。官吏违法的一经查实，立即惩治，决不宽容。第三，重视农桑。发动人民治河泊、修水利、开垦荒田、栽桑种麻。把豪门贵族强占的土地没收入官后，分给无地人民耕种。第四，微服查访。就是穿上老百姓的衣服，化装成普通百姓到地方上去，了解民情，了解地方官吏的情况。第五，禁察非法。就是对违法的坏人决不放过，公正办案，不畏权贵，不妄杀无辜。第五，清正廉洁，不贪赃、不媚上。他在生活上，粗衣淡食，朝廷发给的厚禄，他经常用以兴修水利、办学馆，以至他当官多年家中无一点积蓄。

由于刘宠政绩显著，深得民心，朝廷便提升他去任将作大匠的职务。刘宠为了不惊动地方官和老百姓，收拾了一下简单的行装，想趁天色未明，就悄悄离开会稽。他深深记得，他年轻时初举孝廉，出任东平县当县令，由于他仁惠爱民，给老百姓做了一点好事，当他因父亲病重，向朝廷辞官回乡之时，东平的父老乡民赶来送行，街巷挤满，车道拥塞。他怎么劝说，老百姓都不离开。送的礼品堆满官邸，怎么谢拒也无法拦住。最后没法，他只得化装后从小道逃跑。这次他要吸取前次的教训，要趁人们还不知晓时，悄悄离开太守府。

头天夜里他便吩咐夫人和贴身随从，悄悄地收拾行装。第二天，鸡刚叫，会稽城还在沉睡之中，他便不坐车、不骑马，带着家眷随从便匆匆赶出城门。摸黑走了20来里路，天才大亮，他临时雇了两辆马车，装作探亲模样急急向会稽郡西赶去。他想只要赶到西小江，登上渡船，走出会稽郡地界，人民便无法堵道送行了。刘宠又紧紧急急地赶了30多里路，眼看就到西小江渡口了，忽听前边人声嘈杂，渡口码头挤满了人，刘宠大为奇怪，这里是不是出了什么事了，便赶忙下车巡看。他刚一下车，一个老者便上前跪拜施礼道：

“刘太守，我们终于等着你了！”刘宠急问：“你们这里出什么事了？”老者答道：

“大家在这里等候着给你送行啊！”

“你们怎么知道我要从这里过呢？”

“太守大人，你就不要再向大家隐瞒了！三天前，会稽郡就传遍大人升迁朝廷将作大匠的消息，大家便自动奉献薄礼，要给大人送行。知道大人爱民如子，不取人民丝毫，不会要百姓为你送行，早就派人到西小江等候。恰巧，前一个时辰从会稽郡城飞马来报，说太守天未明之时，便悄声离去。大家便急急会聚口岸，等候大人。”老者正说话之间，乡民们便一齐跪在路旁，彩匾堵满道路。刘宠急忙上前说道：“父老们请起，刘宠受之有愧。我虽为朝廷命官，因才疏学浅，智术浅薄，没有治理好会稽，怎敢享此厚爱呢？”

“太守，你给我们修了水渠，千亩良田才得丰收。”

“大人，是你为我们除掉了权贵刘成浩，我们才不被欺压！”

“大人，我儿子惨遭恶霸赵太皋打死，儿媳被糟蹋，是你为我老汉申冤啊!”

刘宠也感动万分,声泪俱下地对百姓说:

“大家的盛情,我领了,至于厚礼我万万不能收。我享着朝廷厚禄,怎能再来拿非分之享。我一生崇尚清廉、节俭,大家不能让我做失节之事啊!”

推推让让,闹了将近一个时辰,刘宠也实在难逆百姓的厚意,只从会稽山中赶来的五六个白发老人的百个大钱中取了一枚,才和百姓挥泪离别登舟。当刘宠站在急速行驶的船头,看着仍站在岸边的百姓,觉得自己一文大钱也受之有愧,便将大钱高高地抛入江中。顿时,浑浊的西江江水,便瞬时变清。后来,西小江便改名为钱清江。为纪念他,江边还盖了一座小亭,叫“清水亭”,又名“一钱亭”,建了庙,名叫“一钱太守庙”。

清朝乾隆年间,乾隆皇帝南巡到了钱清江,写了一首诗:“循吏当年齐周刘,大钱留一话千秋,而今若问亲民者,定道一钱不敢留。”

意思是说,遵守法纪的好官吏刘宠,留下一枚大钱使千百年都传颂着他的美名,若问现在要体察民情、爱民如子的好官吏怎么做呢?他们一定说要向刘宠那样不要百姓的一文钱。可见,刘宠的事迹影响之大。

清廉节俭的王良

> 勤劳一日,可得一夜安眠;勤劳一生,可得幸福长眠。
>
> ——意大利谚语

王良是东汉时期东海人。公元30年,他被光武帝刘秀提为大司徒司直,这是朝廷管理中央事务的丞相,是一人之下,万人之上的高官。但是,王良出任大司徒司直以后,和别的丞相不同,在位时非常俭朴。吃的是粗茶淡饭,平日穿的是布袍旧衣,住在很平常的房子里,盖的是布被子,用的是瓦器,平时若不穿朝服上朝,人们都看不出来他是丞相。

一次,他到京城郊外踏春赏花,只带一个随从,不坐车、不骑马,信步走到桃花怒放的村庄,被大好春色给深深地吸引住了,便越走越远。当他来到一株株红艳似火的桃树边,看到蜂蝶纷飞于花丛之间,花香阵阵扑鼻而来,便情不自禁地吟起诗来。这时,一个财主也带着娇妻美妾外出游春,也正好来到桃林旁边。此人略晓诗文,听到王良吟诗,觉得此人很有才学。但细细一看,旧袍粗衫,又不似位居高官的人,左看右看,把他认为一个村师寒士,便叫下人来对王良说:

“老先生的诗吟得不错,我家老爷

说，每月给你五斗米。”

王良的侍从急上前说：

“不得无礼！这是当朝的丞相。”

下人一听，急忙回报财主。财主先一听，吓了一跳，可他又仔细看看，对方既无车，又无马，只这主仆二人，破衣旧衫，怎么会是当今丞相？便带了下人气势汹汹地来到王良主仆二人面前：

“你二人好大胆，竟敢冒充当今丞相，四处招摇撞骗。”

“我家老爷确实是当今丞相王良。”

“你们一无车马，二无侍从陪伴，孤身二人来到野村僻寨，这像是丞相吗？左右，给我将他二人拿下，送到府中关押，让我禀报朝廷，交予大理寺治罪。”

一群家丁便不容分说，把王良抓到家中关押。待禀报到朝廷，朝廷来人一看，确实是王良主仆。财主吓得魂飞魄散。王良的仆人要王良好好惩治财主，竟敢如此对待丞相，王良劝阻说：“他也出于好意，要维护朝廷命官的尊严，怕人假冒虚混，败坏朝廷声威，不必治罪。但他奢华靡贵、称霸乡里，现没收其一半家产，作为乡里办学的费用。”

这事传开后，老百姓把这事叫做“土财主关押王丞相”。

王良可贵的不仅是自己清廉节俭，而且身为丞相，妻子儿女不进京住官舍，仍在东海家中种田。这在当时的社会中，简直成了天下第一奇闻。当有人传说这事时，不少人都难以置信。猜想王良妻女不入京城官舍享福，一定是家乡比京城还要富豪华丽，享受一定比京都要好，所以才不到京城官舍来。恰好王良的部下司徒掾史鲍恢要到王良的故乡——东海办理公事，鲍恢便趁机到王良家看看虚实。

当鲍恢左弯右拐，问了好多人，才在一个偏僻村庄找到王良的家。他一到门口，就大吃一惊：既无高屋华宅，更无园亭修竹，是十分一般的竹篱茅舍。当他进入屋院之后，对面一个妇人刚刚从山上背柴回家，布衣粗裙，身体壮实，还有两个小孩帮她搬柴。鲍恢想，这大概是王良家的佣人，便上前说道：

“我是从京城来的王丞相的部员鲍恢，今日因公来到东海，现在，我来看望丞相夫人，请你为我通报一声。”

妇人一面请鲍恢屋里坐，一面急忙去准备茶炊。鲍恢环顾屋内，虽很俭朴，但是洁净幽雅。等了一会，妇人献上茶来，并端来了两盘乡间果品，要鲍恢品尝。鲍恢品了茶，觉得虽是乡间粗茶，但还有一种特别的新鲜味道。他吃了两个果子，觉得十分新鲜可口，便随口问道：

“你们这乡间卖的茶叶、果品味道还不错，价钱贵不贵呢？”“这不是市上买的，都是自己家中种的。”“那你们雇着多少奴仆？种着多少田地？”“没雇什么仆役，全是我们母女耕种。”“那你就是丞相夫人？”“是啊，我就是王良的妻子。”鲍恢吓了一跳，赶忙赔罪道：“夫人恕罪，下官有眼不识泰山。”“鲍卿请起，不知者不为罪。”

“下官今日荣登府上，一是拜望王夫人，二是看夫人是不是有书信带给王丞相。”

“劳鲍卿的大驾，不辞辛苦来到寒舍。给丞相的书信，前月才寄出，现在没有什么书信可带了。”

当鲍恢离开王良家时，走出了一段路，又不禁回头来看看这普通茅舍，并自言自语地说道：

“真想不到，王丞相身为高官，还让妻子儿女在家种田。”

辛毗拉衣劝俭

> 克勤克俭，无怠无荒。
>
> ——《乐府诗集·梁太庙乐舞辞》

辛毗是三国时候曹操的丞相长史，字佐治，是阳翟（今河南省禹县）人。他为人正直清廉，敢言敢谏，很得曹操的重用。他曾对曹操说，当今由于战乱，生灵涂炭，苦不堪言，公要治理天下，首要之急是戒奢励俭，才能得人心，得人心，才能得天下。曹操认为他的进谏很好，完全采纳，在自己的施政过程中十分注意节俭。对自己的家人，规定不准穿豪华衣服，很得人民的称赞。曹操死后，长子曹丕即位，称为魏文帝。辛毗被升为侍中。这是在皇帝周围，参与议决国家大事的官，和现在的顾问性质的亲近官员差不多。辛毗还是和过去一样直言敢谏，去奢尚俭，刚正廉洁。有一件事，使辛毗在历史上留下了千载美名。

魏文帝曹丕即位后，结束了汉朝的统治。他建都洛阳，在洛阳营建宫室。宫室建好了，他又觉得洛阳人口稀少，不豪华热闹，就想把冀州的10万士兵家属迁来洛阳。当时天旱，中原大地又闹蝗虫灾害，庄稼歉收。若把10万士兵家属迁来，那必然要加重人民的负担，这10万家属来洛阳之后，便没有粮食吃。当魏文帝下达这道旨令之后，百姓、官兵震动很大，闹得天下哗然。朝廷各部门都认为这事办不得，可是曹丕执意要迁。侍中辛毗也心急如焚。他想，本来营造宫室就是很大的浪费，如今又要10万人背井离乡迁来洛阳，不仅人力、物力浪费很大，而且这10万人来洛阳之后又无法为生。国家用什么来养活他们呢？再加上干旱、蝗灾、歉收，人民怎么能生活下去呢？汉朝就是这样不体谅百姓，肆意奢华，才落得丧失国家社稷的下场，难道如今还要重蹈他们的覆辙吗？辛毗想到这里，下定决心谏劝皇帝取消迁徙的决定。

魏文帝自作出迁徙的决定后，百官老臣进谏劝阻的很多，但他为使自己的都城繁华热闹，也顾不了这许多，执意要办。听说辛毗等百官一齐请求召见。曹丕也打定主意，召见就召见，我板着脸对待你们，什么进谏我也不听，看你们能奈我何？于是，他传旨召见，当辛毗一批朝廷大臣进来时，曹丕满脸不高兴，板着面孔等待他们。朝廷百官看到皇帝这副样子，一个个都傻了眼，谁也不敢说话。正在这十分紧张的时刻，辛毗上前谏道：

“圣上下令迁10万士兵家属来洛阳，有什么具体的计划安排吗？这么多人迁徙这么远，不是一件容易的事啊！”曹丕一听，辛毗是要绕着弯子来劝阻了，便单刀直入地说：

“你以为我迁徙他们是不对的吗？”他想，这样一问，辛毗便不好再说下去了，哪知，辛毗却大胆地回答说：

“以愚臣之见，这是极端错误的做法。”

“你认为错，我认为对，这没有什么可说的了！我的旨令已下，再不变更了。”

辛毗看到皇帝决心不听谏议，但他决定坚持己见，便温和平静地说：“陛下不认为我们是无才干、无计谋的人，才把我们放在您的左右，安排我们在谋议国家大事的官员当中，怎能不跟我们商议呢？怎能没有话可说呢？我们大家一齐来要求陛下召见，不是为我们自己，是完全为了社稷的巩固、百姓的安危啊，也是为陛下守好先王大业啊！”魏文帝要想反驳辛毗，又觉自己理亏，他说道：“自古都城，人烟稠密，井市繁华，才能显示出一国的兴旺、富强。而都城洛阳虽有宫室，而无井市；虽为王居，而百姓稀少；虽名曰京都，而实为空城。聚民以示国家兴旺，建都以显社稷之永固，你等怎么总要阻拦呢？”

魏文帝说完便生气地不理众臣，扭头歪坐龙庭之上。辛毗紧逼不放，接着说：

“圣上说的诚然有理，自古国之都城乃是一国之心脏，八方汇集，四处来朝，未有国强而都不繁华者，民富而都城寥落者。但是，京都的富庶、风物的华盛，不是一朝一夕之所至，而是世代帝业累积的结果，不是一蹴而就的事。今圣上要徙千万人民来洛阳，以显示国之强大、社稷之兴旺，这实在是拔苗助长，想使苗长得快，反而使它置于死地。徙民，是弱国之举；迁户，是削国之路，圣上万不可以这样做！”群臣也齐跪奏道：

“圣上万万不可这样做！”

魏文帝大怒，吼道：

“寡人不与众卿争辩曲直！”

拂袖而起，转身想进内殿，辛毗疾步追上，紧紧拉住魏文帝：

“陛下要三思而行！”

众臣看到这里，一个个目瞪口呆，吓出一身冷汗，却只听皇帝大声说道：

“你们逼得我太急了！”说完便使劲甩掉辛毗，进入后宫。

大家为辛毗暗暗捏着一把冷汗。俗话说，伴君如伴虎，激怒了皇帝，一声令下，便是脑袋落地。而辛毗想，今日我辛毗舍命一死，即使阻不住圣上的奢费决策，也使他不能不有所顾忌。而我呢，只不过削职为民，问罪下狱，大不了舍出全家老小的性命，也要挽国家于倾倒。想到这里，他反而心中泰然，长跪于阶下，等待最后的结果。

整个朝廷没有一个人说话，群臣静跪阶下，连呼吸的声音都听得到。是喜，是忧，是福，是祸，谁也无法意料。时间过得很慢，只见几个太监穿梭于后殿，人人脸上充满了紧张的神色。不久，魏文帝慢慢地从后殿出来，神态十分颓丧，坐定后低声地说：

“10 万居民暂不迁徙，前旨撤回。”

群臣高呼万岁，叩头谢恩。辛毗引襟直谏.终于免除了 10 万人的苦难。这就是历史上《辛毗引裾》的故事。

裴侠清慎奉公

> 子路曰：“不能干勤苦，不能恬贫穷，不能轻死亡。而曰我能行义，吾不信也”
>
> ——刘向《说苑·立节》

裴侠生活在北魏孝文帝到西魏、北周时期，他原名裴协，因在战斗中身先士卒，冲锋陷阵而名声大震，为了嘉奖他，周文帝替他改名为“侠”。

裴侠所处的时代，战事连绵，政治腐败。做官的人，追求功名利禄，吃喝玩乐，而裴侠，仕途生涯几十年，却一贯勤俭朴素，从不为财物所诱。他憎恶贪官，清苦自守，住的是破屋漏房，吃的是粗茶淡饭。他晚年重病时，人们去探望他，见他仍住在不能防御风霜雨露的破房里，无不深深感动。北周文帝时期，他任河北郡守，人们称他“躬履素俭，爱人如子，所食惟菽麦盐菜而已。”当地群众是很怀念他的。当时郡内有个规定，在郡内抽取渔猎夫 30 人，只供郡守役使，历任郡守都因此而大发其财。可裴侠上任郡守后，立即废除这个规定，并把他们日积月累的劳动所得，购买了成群的马匹，供郡内公事使用。他还采取措施，建立法规，整治贪官污吏。对利用职权隐藏、贪污钱财的官吏，严格清查，从重处理。对自首认罪的，给予宽大处理。以后，人人畏法，贪污之风大大收敛。

侠有两个堂弟，一个叫裴伯凤，一个叫裴世秀，都在朝廷做官。他们见裴侠为官多年，家无余财，很不理解，曾劝他说：“人生一世，草木一秋，功名利禄该享受的都要享受，像你这样清贫，不是自讨苦吃吗?”裴侠听了严肃地说：“清廉是做官的本分，节俭是立身的基础。我之所以清廉自守，并不是为了猎取美名，目的在于修身养性，同时也害怕有损前辈廉洁的清名啊！”一席话，说得两个堂弟非常惭愧，哑口无言。

裴侠节俭立身，两袖清风，他的事迹留下了美名，人们怀念他的恩惠，作词歌颂，广为传唱。周文帝对他也十分钦佩，称赞他“清慎奉公，为天下之最”。裴侠获得了天下“独立君”的美称。

清廉俭约的苏绰

> 闲散如酸醋，会软化精神的钙质；勤奋如火酒，能燃烧起智慧的火焰。
>
> ——土耳其谚语

大统元年(535)，有位叫苏绰的读书人被荐入朝，做了西魏的行台郎中，由于他博学善思，才识超群，且尽其智能、勤恳尽职，得到宇文泰的赏识和重用，官位连连高升，直至大行台度支尚书，领著作兼司农卿等职。大统十二年(546年)，因多年“积思劳倦”，苏绰壮年辞世，年仅49岁。

为官期间，苏绰极力倡导清廉奉公，大胆建议劝谏宇文泰、上奏“六条诏书”，他针对北魏后期官场腐败、官员奢侈的问题，在“诏书”中提出君主和各级官吏德行明敏，做到“心清如水，形如白玉”，要体恤民心，变奢从俭，当官的应对百姓“扇之以淳风，浸之以太和，被之以道德，示之以朴素”，这样才能“重拱而治天下以至太平”。

宇文泰对“六条诏书”很重视，命人抄录后作为自己的座右铭，并按“六条”采取了具体措施，使腐化之风大有收敛。

“心清如水，形如白玉”，正是苏绰自己处世立身的准则。

当官十余年，苏绰一直保持俭朴的习风，不为自己谋置田产宅第，更不仗势搜刮钱财。除了依靠所得的俸禄维持生计外，家里别无余财。不仅严于律己，苏绰还十分注意对孩子的教育，形成了清廉的家风，他的儿子苏威，后来做了隋朝大臣，与其父一样，“行己清俭，以廉慎见称。”受到世人的称赞。

正因为苏绰位高不谋私，权大不谋利，所以深得宇文泰的信任。宇文泰不在朝中时，把一些署过自己姓名印章的空白公文纸留给苏绰，让他以自己的名义处理临时事件。

苏绰俭朴正派，文武群臣都很钦佩，他去世的时候，大家无不凄然泪下。苏绰的遗体将要入殓时，宇文泰十分悲痛，他对公卿们说：“苏尚书平生谦诏，敦尚俭约。我想成全他平素的志向，又恐怕那些见识短的人，不明白我的心意，如果厚葬盛殓，又有悖于昔日与苏尚书相知之道。实在左右为难啊！”这时，有个叫麻瑶的尚书令史上前对宇文泰说：“古时候的晏子，是齐国的贤大夫。他一袭狐裘用了三十年，死时只有一辆车，齐侯不夺其志。

苏绰既然操履清白，谦挹自居，我认为应该从俭薄葬，以彰其美。”宇文泰同意了他的意见。

出灵那天，苏绰的遗体只用一辆布车载着，宇文泰率领公卿大臣，徒步紧跟车后，送至郊外。他亲自于车后手执酒杯，洒酒于地，表示祭奠，大声痛哭，哀痛之极，连手中酒杯也失落在地。当苏绰的灵柩下葬之日，宇文泰又专门派人以祭祀的最高规格——“太牢”祭奠苏绰，并亲自撰写了祭文，让一个清廉俭约的忠臣享受了难得的荣誉。

刘寔出污泥而不染

克勤克俭，无怠无荒。
——《乐府诗集·梁太庙乐舞辞》

刘寔，是晋武帝司马炎的重臣，在朝中声望很高，官位显赫，而且当时晋朝豪门贵族中，奢侈成风，以挥霍为尚，可是位处高官的刘寔，俭素的品质一直保持不变，丝毫不受世俗的影响，真可以称之为“出污泥而不染”的人了。

晋朝自成立以后，朝廷上下醉生梦死，追求享乐。晋武帝司马炎在公元 265 年—274 年，向民间广选宫女。先禁止天下百姓、官吏嫁娶，然后派出使臣坐着华丽的车，后面跟着骑卒，驾驶着各个驿站专用马匹的车，驰往各州郡。凡见有几分姿色的女子，便抓了起来送入宫中。很多百姓，乃至贵族、大官的女儿，或者穿上破烂衣服，或者剃掉头发，或者毁坏自己的容貌，逃避皇帝的挑选。最后，晋武帝选了3 000宫女入宫。当时的风尚腐败到什么程度，便可想而知。皇帝如此，豪门巨富便上行下效，王恺和石崇比富，这是在历史上很有名的事。石崇是大富豪，王恺是皇帝的亲戚，两家各显资财，比赛谁家最富有。王恺用粒水洗锅，石崇便用蜡烛煮饭；王恺又做了紫丝帷帐 40 里，石崇便做了 50 里长的织锦布障来对抗；王恺用香料花椒来和泥抹房屋的墙壁，石崇就用名贵的赤石脂药来涂壁。晋武帝为帮助王恺争豪，把一棵高两尺的珊瑚树送给王恺，王恺便抬出来向石崇夸耀，石崇见了，便举手中的铁如意往珊瑚树上一砸，珊瑚树应声而碎。王恺怒火三丈，骂道：

“你是了不起，而嫉妒我的珊瑚树！”石崇回答道：

“你不要发火，我现在抬几棵让你见识见识，你要哪一棵随你选。”

说完便命家人抬出三四尺高的珊瑚树六七棵，枝条绝妙罕见，光彩夺目，有皇帝支持的王恺，也深感惭愧。

就是在这种恶浊的世俗风气里，身居高官的刘寔，一直保持着勤俭节约的本色。

刘寔年幼时家很贫穷，但他不怕

艰苦，节衣缩食，到很远的地方去求师读书，每当寒风呼啸，大雪纷飞的时候，他总是拄着一根拐杖，在山路中行走，去远方读书。后来当了高官，他尽力不要仆人侍候，总是自己担水，抱柴做饭。他的俸禄很高，他大多拿来赡养亲戚朋友，自己无什么积蓄，连房子也没有，是住在临时的官舍中。石崇经常来巴结他，他总是敬而远之，送来的东西，他不要，请他宴饮，他谢绝，使得很想在朝中找一个政治靠山的石崇无计可施。石崇与王恺斗富，刘寔与朋友说："这是斗丑，形同猢狲戏耍！"石崇常向刘寔夸耀自己宅第的华丽，刘寔却说，那是和厕所差不多的地方。

刘寔非常讨厌石崇，而一次皇帝却特意派遣他到石崇家去执行公务。刘寔几次推辞而武帝不同意，刘寔只得硬着头皮去了。石崇知道朝廷派遣刘寔来执行公务，心中暗暗高兴："这真是天赐良机！"吩咐下人精心准备迎接。他决心用钱帛美女软化刘寔。

刘寔一到，石崇叫自己最宠爱的美妾绿珠接待他。绿珠姿色艳丽，又喜吹笛，是有名的美女。绿珠卖弄万种风情，而刘寔对她正眼也不看一眼，石崇又为刘定安排了最华丽的卧室，刘寔不住，他自己去选了一间比较俭朴的房舍住下，不准石崇添加任何摆设、装饰，不要女仆侍候。石崇的精心安排，一点也没有得逞。对于饮食，石崇吸取了前面的教训，既不很排场，但内容却十分讲究，表面只请刘寔吃一般家宴，而所上的菜肴，山珍海味、玉液琼浆样样俱全。当请刘寔入席时，刘定一再讲清，非平常饭食不吃，石崇满口应承。入席之后，石崇先上的确实是一般饭菜，但吃了一会，便逐渐把山珍海味端上来，过一会儿，玉液琼浆也端了出来，刘寔佯作不知，虚与应付。石崇误以为刘寔已经接受了，一会又把宠妾绿珠叫了来，吹笛劝酒，百般殷勤。刘定渐渐看清了石崇的用心，便起身对石崇说道：

"下臣自幼贫寒，穿粗衣，食淡饭，饮粗茶，年久成习，至今无法改变。今日蒙石公盛情接待，因下臣吃不惯如此酒食，更不惯这种热闹场面，饮了杯酒，身体不适，就此告辞。"说完转身就走，让满席陪伴的门客、美妾和主人石崇落了个好大没趣，只好怏怏散席。

此后，刘寔在石崇家住了两天，石崇再也不敢奢靡接待，处处按刘寔的要求从事。但石崇还不死心，挖空心思想办法让刘寔上钩。他想，美女，刘寔不受；佳宴，刘寔不吃；华丽的房间，他也不住。若赤裸裸地送上金银珠宝，那将会惹出大的麻烦。怎么办呢？石崇想来想去，便在厕所上打主意。刘寔不可能不上厕所，他家的厕所本来就很讲究，用红色的纱帐围饰，里面是用织锦做的两层的坐垫，四周放着香囊，涂着花椒。他为了拉拢刘寔，又加上了新的花样：派了八个美女在厕所中侍候，两人手持香囊，两人手端净水，两人更衣，两人打扇，刘寔入厕，要更衣，要洗手，要打扇，看刘寔如何拒绝。

一天，刘寔和石崇在庭中共同处理朝中要处理的公务，一会刘寔提出要上厕所，石崇便令一个奴婢指行，向他事先安排好的地方去。他暗想，这下何愁你不上钩？刘寔去了一会，便转了回来，笑着对石崇说：

"我误入你家的内室了。"

"不，那就是我家的厕所。"

"那是你家的厕所？下臣还从未见过，宫中圣上也无此讲究，不言宫中，乃至天下也要数石公为首。下臣是贫寒出身的人，不惯这种讲究，请给我另导别处吧！"刘寔半讥半嘲地说。石崇一看此计又败，便急忙说：

"不瞒刘大人，家中都是这类厕所，别的无处寻求。"

"石公此处没有，那就请恕下臣自己去寻求了。"说完，便上马离开了石崇家，令石崇的精心妙计一下子付诸东流。

刘寔回到宫中，连夜便给武帝写下奏章，奏章说，现在天下奢华之风令人咋舌，争豪斗富这不是兴盛景象，而是国家生病的表现。一方面是人民卖儿卖女，无立锥的地方；另一方面，是富豪奢靡以极，良田千里，宅第如云，视珠玉如粪土，视美酒佳肴如糟糠，长此下去，国家的存亡便不卜也可以知道了。可是，昏庸的晋武帝，哪里听得进半句！但刘寔在这种腐恶的环境中，如梅傲雪，终不改自己节俭、勤朴的本色，成为当时"出污泥而不染"的少数人之一。

萧道成怒碎"玉介导"

> 克勤于邦，克俭于家。
>
> ——《尚书·虞书·大禹谟》

公元477年，南朝刘宋王朝内部发生内乱。宋后废帝刘昱，荒淫残暴，终于被他身边的侍卫杨玉夫、杨万年等暗杀。刘昱死后，其子刘准被大臣们扶植登基。但刘准年仅11岁，不能亲理朝政，因而朝中王公大臣们都在伺机夺取王位。在各派政治力量中，中领军萧道成凭着精明善断，于公元479年秋夺取王位，改国号为"齐"。从此结束了刘宋王朝60年的历史。

连日来，齐国沉浸在一片欢腾之中。一天，萧道成把文武群臣召到皇宫，说是共同宴饮。百官们万分高兴，个个穿上非常华贵的礼服，佩戴上了各种精美的饰物。

可当百官们到大殿后，却不见萧道成的身影，大家心中颇生疑惑。正当百官们议论纷纷，奇怪为什么萧道成不出场时，只见萧道成身着一袭素色礼服走进大殿。

他走进大殿，没有着急入座，而是有意在大殿中环绕了一圈。而后，他走到群臣们面前，用询问的口气说道：

“诸位爱卿，有谁看出朕身上今日有什么变化？”

“陛下今日没披龙衮，而穿的是一身普通礼服。”一位性急的将军大声回答道。

“将军说的不错，朕今日穿的礼服的确是普通了一些。可谁还能再仔细看看，朕今日除了礼服有所变化外，还有哪样与往日不同？”萧道成说完，又在众臣面前来回走了一圈，边走边用审视的目光望着众臣。

皇帝今日还有什么地方与旧日不同呢？众臣们见萧道成这样说，都把目光落在了他的身上。他们中有的猜测地指指点点，有的望着皇帝，莫名其妙地摇着头。

萧道成走了一圈，见大臣们中还没有一个人能发现自己今天身上的微妙变化，有些不悦。他反剪着手，缓缓停在了大殿前，正要说什么，这时一位跟随他多年的老将像是突然发现了什么，他击着掌大叫道：“陛下今日没有佩戴吉祥物‘玉介导’？”

“啊哈！说对了！朕今日的确没有佩戴‘玉介导’。”

“陛下怎么可以不佩戴‘玉介导’呢？那可是为陛下避邪除妖的宝物啊！”这时，站在萧道成右侧的一位老臣，望着萧道成急切地说道。他的目光里流露出焦虑的神情。

“爱卿不必着急，朕今日召集大家，就是想向大臣们宣布，朕从今以后，再也不佩戴‘玉介导’了。”

大臣们面面相觑，又都望着萧道成，不知为什么他突然作出这样的决定，一时不知道说什么好。

这时，站在萧道成右侧的那位老臣，摆着手又说道：“陛下，臣认为陛下这样做实属不妥！‘玉介导’是自古传下来的避邪物，陛下今日宣布再不佩戴它了，莫不是陛下以为今日天下已定，再不会遇到什么灾难了，所以要摘掉‘玉介导’！请问，倘若陛下再遇到灾难，没有了‘玉介导’，陛下靠什么避灾除难呢？陛下万万不能随意决定摘掉‘玉介导’啊！”那老臣边说，又边不住地摆起手来。

萧道成听了这老臣的话后，脸上露出不以为然的神色，他略微向右侧了侧身子，对那老臣说道：“你说‘玉介导’能避灾除邪吗？我可看不出来啊！……”

萧道成说到这，把身子又转向大家，而后又提高了些嗓门继续说道：“大家看，从前，我们的祖先就都告诉我们，说‘玉介导’有避邪的作用，可过去的末世君主个个佩戴它，个个都没有能逃脱出杀身和亡国的下场！大家想，如果‘玉介导’真能除灾，那些君主佩戴了它，为什么连命都保不住呢？依我看，真正能避邪的，绝不是什么珠宝玉器。”

萧道成说到这，又有意停了停，环视了一下诸臣，他又接着说道：“这几日，全国百姓都在欢庆齐国的建立，不知大臣们在欢庆的时候想没想过，我们齐国靠什么才能保住天下。几日里，我反复思索，为什么刘宋王朝只有六十年就迅速垮台了？那是因为王朝的达官贵人们无限度地奢侈腐化，最后，他们把天下珠宝糟蹋尽了，自己也垮台了。这亡国的原因，就是奢侈。'玉介导'不但不能为他们避邪，相反，珠宝璧玉本身价值昂贵。大家看，我们今天诸位个个身上都佩珠挂玉的，这要耗费朝廷多少财力？更重要的是：它助长奢侈。所以我说：它非但不能避灾除邪，相反会给我们带来灾难。也正因为这样，我今天宣布，我的礼服上不再佩戴'玉介导'，也禁止你们随意使用金银珠宝。从今以后，大齐天下一定要树节俭之风。"

萧道成说到这，转身从侍卫手中要过自己从前佩戴的"玉介导"，他将那玉高举过头，而后大声继续说："让我们在欢庆大齐建业的时候，把这'招邪'的东西除掉吧！"。说完，他奋力将手中"玉介导"向大殿地上狠命掷去。

萧道成怒碎"玉介导"的事情发生后，朝廷中奢侈靡费之风大有收敛。以后，他在宫中又进行了几次反对奢靡的改革。他曾下令：把后宫中用金、银、铜等制造的栏杆、门槛一律改成铁的；内殿中挂的华丽昂贵的绣花绫罗帐，也改为普通的黄纱帐；并还命令内宫的嫔妃一律改穿朴素的布衣；连他自己銮驾上华盖的镶金装饰，他也下令让人除掉。

由于萧道成大力倡导以俭治国，在他执政之初，南朝齐国贵族追求奢华之风的确有了很大的转变。

作为君主，萧道成这种做法是值得称道的。以俭治国并非一句空话，要求别人必先要求自己，萧道成深知这一点，他想要扭转那奢华的风气，故自己先带个头。这也说明他首先解决了问题的根本。事实也说明节俭是对国家有利的。

乙逸怒子忧国

> 奢未及侈，俭而不陋。
>
> ——汉·张衡《西京赋》

乙逸是十六国时候前燕的左光禄大夫（皇帝的顾问之类官员），他原是幽州的刺史。他在幽州任刺史期间，厉行节俭，遵守正道，严格要求自己，很得幽州士人的称颂。在他执政期间，处于边疆的幽州，因兵强民富，境内安定，外敌不敢入侵，使百姓安居乐业。由于他的政绩显著，被前燕皇帝调至京都升任左光禄大夫。接到命令之后，乙逸夫妇俩收拾了简单的行装，准备起程。调回京都，乙逸夫妇是十分高兴的。因为他们的儿子乙璋在京都任户部侍郎，离家已经快五年了，还未得见一次面。夫人有时想念儿子太盛，寄书给儿子，要他到幽州看望一下。儿子回书说，因官事太忙，无暇省亲，一拖再拖，5 个年头也没得见儿子一面。乙逸也十分挂念儿子，儿子自幼聪明过人，学业素来优秀，亲友邻里无不夸赞。而乙逸自己却另有看法，人们只看到儿子的聪颖一面，看不到他浮躁的一面，儿子自幼羡慕华丽，使他很不放心，他虽对他要求严厉，教导他节俭兴邦、玩物丧志的道理，儿子也好像改了许多，但乙逸还是不放心。

他清楚记得，有一次慕容王的弟弟燕蓟王到幽州巡视，听说他有一个十分聪明英俊的儿子，非要唤来让他看看，乙逸把儿子唤来，教他见亲王后如何行礼、应答。临走时，儿子却要穿华丽的衣服，说面见亲王不可穿着太素，乙逸当时虽表示同意，但暗暗却觉得儿子并不以俭为荣。见了燕蓟王后，儿子回答的表现大大出乎他的意料之外，使在座的朝廷官员赞不绝口，临离开时，亲王对乙逸说：“逸公，以我的愚见，乙璋是青出于蓝而胜于蓝，是个栋梁之材啊！”后来的事实确实说明乙璋不负众望，年仅 30 就是户部员外郎了。但乙逸还是不放心，越是少年得志，越是潜伏着碰壁跌跤的可能，所以，他也盼望见到儿子，看看他的品德是否有所长进。

第二天清晨，乙逸和夫人不要高马大轿，两人坐了一张鹿车就向京都进发。鹿车是当时乡间百姓常用的小木轮车，它可以推着走，上坡时又可以拉着走，小巧方便，只是座位不太宽敞。对于节俭成习的乙逸夫妇，这是最理想的乘坐工具。

夫妇俩走了 5 天，离京只有 20 里了。突然前方来了十几匹高头大马，旋风般地向小鹿车跑来。乙逸掀开鹿车窗帘一看，为首的大概是个大官，穿着一身红色官服，马的笼头、马鞍、马鞭都十分华丽，大概是金银装饰的，在阳光下闪闪发光，和一身丝袍相映，好像是发光一般。这大概是亲王或什么重臣外出，才如此威风、气派。但是，过分奢华了，百姓现在生活还很苦，他们看了会怎么想呢？自己以后在皇帝身边，要多劝说他，当今的国家形势，还是要倡廉导俭为第一要事。正在乙逸东想西想的时候，那群人马已来到眼前。只听为首穿红袍的人说：

“父亲，母亲，我来迎接你们了。”

原来，来人不是他人，而是自己的儿子乙璋。乙逸像被雷击一般，一时竟觉得自己好像在梦中，当他醒悟过来时，简直不相信自己的眼睛，乙璋怎么会变成这个样呢？这哪里像自己的儿子？妻子听到儿子来迎接，便要去打开车门。乙逸看到妻子的言行，十分生气恼火，大声吼道：“不要开车门！”乙逸的脸色变得从未有过地难看。妻子立刻省悟到，是因为儿子太讲豪华，惹怒了他。

乙璋素来知道父亲的脾气，看到父亲的冷淡，也没当一回事，说了一声：“那你们后边来吧！”就打马往回奔去。

第二天，乙逸把乙璋叫来，对他

说道：

“你为父母安排了这样好的住所，昨天，又带着人到城外十几里路的地方来接我们，今天，又安排那么多仆役来侍候我，你的孝心父母是放在心中的。但是节俭第一，我当刺史这么多年，视民如子。但你在朝廷做官才几年，就这样讲排场，这怎能在朝廷面前不出差错呢？几年不见你，你就变得这个样，怎能不使父母为你担惊受怕？”乙璋听了父亲的话，又好气又好笑，父亲确实是个忠于职守的人，政绩显著，才屡次被朝廷升迁。但现在升迁到京都，还改不了幽州的土气，被人暗暗在背后讥笑，这升了官又有什么用呢？但他不好直说，便装着恭敬的样子说：

“父亲说得很有道理，节俭是自古的美德，玩物是亡国的祸根。但是，这里是京都，不是幽州，父亲现在是左光禄大夫，不是刺史，在吃、住、穿、行上要有朝廷命官的尊严，不能等同于下层百姓，要注意在别国面前的影响，不能让别国小看我们，国家的威望才树得起来。”乙逸听了儿子的话，心中十分生气，不节俭戒奢，反倒还有一套歪道理。便说道：

“国家的威望、命官的尊严，不是讲豪华、讲排场立得起来的，而是要百业兴旺，府库充实，士卒勇健，百官善治善谋，才树立得起来的。奢侈华靡，是弱国之路，亡国之根。”

乙璋见说服不了父亲，便改变态度道：

“父亲说得有理，我今后戒奢戒侈，崇尚节俭就是。”

“好，你既然同意我的主张，那就照我说的办：这样豪华的住宅我们不要，还给朝廷，另去买一所简朴的住宅。家中的奴婢也不要这么多，留两个做粗活的，其余的全部免去。今后吃饭也不准大鱼大肉，粗茶淡饭即可。穿着也不能豪华，平日间穿粗衣粗服就行。”乙璋听着更是难以忍受，但又没法，便只是什么都点头听从而已。他草草应付了父亲，便装着公务在身匆匆离家而去。

以后，不管父亲如何节俭，乙璋还是照旧不变，只是尽量回避父亲，让他有气无处发，有话无处说。而乙逸呢？看到儿子口是心非，并不接受他的要求，也不管他了，心中暗暗想道：这儿子是无可救药了。

几年以后，乙璋很得皇帝的宠信，皇帝觉得乙璋聪明能干，治国有方，提升他为户部尚书，官职在乙逸之上。乙逸知道后，痛心地说：

“这样的人都还得升迁，国家的灭亡不远了！”便向皇帝慕容谤要求告老还乡，得到恩准后，便去职还乡了。5年后，前燕便亡国了。

赵轨节俭为民

凡不能俭于己者，必妄取于人。

——清·魏禧《目录里言》

赵轨是隋文帝时的齐州别驾，后又升为原州总管司马。他为政清廉，在隋朝时是很有名气的。史书《隋书》中记载了不少他节俭清廉的故事。

隋文帝当上皇帝后，知道赵轨足智多谋，品德高尚，便调他任齐州（今山东济南市）别驾，是齐州的最高长官。他到齐州后很善于治理，扶助农桑，整肃吏治，宽限刑法，倡导节俭，严禁官吏侵害百姓。几年之后，齐州农业兴旺，百姓安居乐业。他在齐州 4 年，朝廷来考核官吏，他连续 4 年均是考绩第一。

在齐州时，他的住宅和一家百姓相邻，百姓家的一棵桑树的枝干伸到赵轨家的庭院中。平时，赵轨的孩子们爱在树阴下玩耍。有一次大儿子把树枝拉了一枝下来，折断了作马鞭玩。赵轨见到后，向儿子耐心地说：

“农夫种田栽桑，我们才有衣穿有饭吃。他们种田要辛苦流汗，栽桑要日晒雨淋，栽大一棵桑树多不容易，你们这样随便折下来玩，应该吗？”当儿子认错之后，赵轨并不就此罢休，还要夫人到隔壁邻家赔不是，赔偿损失。而邻家说这乃区区小事，别驾何必这样在意，赵夫人却说：

“这是赵大人的家规，家人、孩子是不准损害他人一丝一毫的。你若不收下，等会赵大人还会亲自上门呢。”说得邻家只得收下。从此，赵轨政清若水的美名便传遍了齐州。

几个月后，邻居家桑树上的桑葚成熟了，一颗颗桑葚呈紫黑色，挂满了枝叶之间，又大又饱满，水灵灵地十分惹人喜爱。天天在树下玩耍的赵轨的三个孩子，看到诱人的桑葚，一个个馋涎欲滴。但孩子们因玩桑枝被父亲教训之后，再也不敢去动邻居的桑树，现在看到桑葚虽十分吸引人，但没一个敢去攀摘一粒，只是在树下看看桑葚解馋而已。几天过去了，还是没有一个孩子去采摘一粒。一天夜里，落了一阵小雨，又吹了一阵不大的风。天亮后，孩子们到桑树下玩时，看见地下落满了一粒粒紫黑色的桑葚。孩子们想，这桑葚是成熟了被风吹掉下来的，不是我们去采摘的，吃几颗该不算违反父亲的训导吧。首先，是最小的一个，捡了一颗放进嘴里，滋味美极了。水分又多，味道又甜，不禁使他又捡了几个放进嘴里。并告诉哥哥，味道真美。大哥、二哥经小弟一说，也捡了一颗放进嘴里，当他们尝到桑葚的滋味后，便再也不多想了，只顾往地上捡了塞进嘴里。

“父亲不会训斥我们吧？”二儿子

吃了一会，还是不放心地说。

“我想不会的。这桑葚是被风吹掉下来的，又不是我们采摘的。另外，我们不吃它也会自己烂在地上，那不是更可惜吗?”大哥说。

两个弟弟一听大哥说得很有道理，便放心大胆地吃了起来。不一会，桑葚汁把三个孩子的手、嘴都染成了紫色，三个孩子你看看我，我看看你，觉得很好笑，便嘻嘻哈哈地指点着笑了起来。

正在房中看书的赵轨，听到孩子们的笑声，觉得十分诧异，便走了出来，只见三个孩子正埋头拣地下的桑葚吃。他便立即叫住了他们：

“谁让你们吃桑葚的?”

“父亲，桑葚是自己掉到地上，我们才敢捡了吃。”老大回答。

赵轨温和而坚定地说：

“就是掉在地上的也不能吃呀!”

“父亲，我们不捡了吃，它也会烂在地上，这不是太可惜了吗?”

“父亲多次告诉你们，只要是百姓的东西，我们一丝一毫都不能要。我不是为了得一个清廉的好名声而这样要求你们，是要让你们自幼懂得，不侵扰百姓，节俭自律，这是当官的最起码条件，是立身处世的最基本准则。这桑葚虽然是自己落到地上的，但它不是我们自己耕种得来的，是百姓的，那我们就不能去动，去吃。那掉在地上不捡不是会烂掉吗？这很好办，你们将它捡起来，给邻家送去不就行了吗？你们觉得好吃，想要尝尝的话，出钱向邻家买一些回来吃不就行啦。”

孩子一听，父亲说得很有道理，便齐声说道：

“父亲，我们把地上的桑葚捡起来，给邻家百姓送回去。我们吃掉的，给人家付上钱，你说行吗?”

“太好了！你们就这样办吧。”

三个孩子高高兴兴地把桑葚捡了起来，用水洗净，给邻居百姓送了回去，并付了自己吃掉桑葚的钱。邻居百姓知道推辞也没有用，便收了，然后把送回的桑葚和钱一齐端着，拿到城中向乡邻亲友讲述事情的经过，齐州百姓赞叹不已。

这些事情传到了朝中，隋文帝便派持节使郃阳公梁子恭来调查了解，梁子恭了解之后向隋文帝如实禀奏，隋文帝听了很感动，便嘉奖赵轨，赐给他绸缎300匹，米300石，并征召赵轨入朝。

赵轨离开齐州入朝就职的那天，齐州百姓哭着相送，堵街塞道，几十里而不断。百姓推出一个有威望的乡老，端着一碗清甘泉水来对赵轨说：

“别驾居官齐州四年，清廉俭朴，对人民一点无所取，真正做到了秋毫无犯，乡民们公推我，来向你表示敬意，你为政清明如水，也允许我用一碗清水来为您饯行。”赵轨非常感激百姓的厚爱，接过水来一饮而尽，百姓哭着送别他，20里而不回。赵轨在朝中的威望，更为提高。

又一年，隋文帝的异母兄弟杨爽，要出任原州(今宁夏固原)总管，隋文帝觉得他年纪轻，怕到任之后不会处理政务，要找一个有威望、有才学的人教导他。他便选了赵轨去辅佐卫王杨爽，并嘱咐杨爽好好向赵轨学习。赵轨接到任命后，不敢延误，便日夜兼程赶往原州。一天，天空飘着小雨，赵轨一行车马向原州赶去。到了一个村边，因人困马乏，赵轨便令大家在村边歇息一会，但任何人不得进村，因为百姓已经熟睡，一进村势必惊动他们。一名侍从因太疲乏了，歇息下来之后，倒在路边草地上便睡着了。等到下令起程时，别人将他推醒，他醒来一看，发现三匹马不见了。他急忙四处寻找，在星光下看到他的三匹马在百姓的田地中吃谷，他赶近一看，不由大吃一惊，谷子已被马吃了一大片。他急忙禀告赵轨，赵轨立即下令停止前进，就地停歇。当下人问他，野地寒凉，为什么要停歇呢。他说：

“我们的马匹吃了百姓的谷子，不赔偿损失，怎能离开?”

“我们留下一人处理一下不就行了吗?”

“我的马匹吃了百姓的禾苗，我不仅要赔偿损失，还要向百姓当面认错，这是我管教不严，一时疏忽所致，这些不能让别人代替的。”赵轨严肃地说。

“那我去叫醒一家百姓，问清是谁家的禾，大人向他道歉、赔偿这不就得了吗?”

“不行，我们的马匹吃了百姓的禾谷，就给百姓带来了损失、制造了麻烦，我的心就很难过了。现在，深更半夜，去敲门叫喊，叫了一家，惊扰了十家，更弄得百姓今夜不安宁，这不是麻烦之外又加惊扰了吗? 千万不能这样做。”

随从们觉得总管司马说得很有道理，便在路边坐下，不敢高声，不敢起火，默默地忍受着寒露的侵袭。特别是那位放马入禾地的侍卫，更是难过万分，说因自己疏忽让司马和大家一起为他受苦。赵轨没有责骂怪罪他，反而安慰他说道：

“这事也不能全怪你，我首先对歇息的地方没选好，不应该在村边、田边停歇。其次，只要你们注意不要惊动百姓，没提醒你们注意马匹不要糟蹋庄稼。”

赵轨等一行人，硬是坐在路边，待到天明，当百姓起床之后，查访到禾田主人，赵轨亲自上门认错，并赔偿了庄稼的损失，才慢慢离去。这件事很快在原州境内传开了，新的总管司马还不到任，美名已在百姓中传扬。很多官吏和百姓都把赵轨当做是自己学习的典范，很多人都因受影响，而学习他高尚的节操。

隋文帝厉行勤俭

奢则不孙，俭则固。与其不孙也，宁固。

——《论语·述而》

隋文帝杨坚，汉族，鲜卑赐姓是普六茹，小字那罗延。公元 581 年 2 月甲子日，北周的静帝以杨坚众望所归为名，下诏宣布禅让。杨坚登基称帝，定国号为大隋，改元开皇，宣布大赦天下。

杨坚称帝后，于开皇七年（公元 587 年）灭亡后梁，一年后下诏伐陈。开皇九年（公元 589 年）琉球群岛归降隋朝。隋文帝结束了中国长期混乱的局面，使中国又回到了和平年代。

隋朝建立以后，隋文帝精心治理，隋朝迅速强大繁荣起来。他在政治、经济等制度方面进行了一系列的改革。在中央实行三省六部制，将地方的州、郡、县三级制改为州、县两级制，地方官吏概由中央任免，由此巩固了中央集权。

隋文帝下令修建西京大兴城（即后来长安城所仿照原形）和东京洛阳城，大兴城的设计和布局思想，对后世都市建设及日本、朝鲜都市建设都有深刻的影响。隋文帝于公元 584 年命宇文恺率众开漕渠。自大兴城西北引渭水，略循汉代漕渠故道而东，至潼关入黄河，长 150 多千米，名广通渠。这是修建大运河的开始，大运河连接了两个文明，使黄河流域长江流域逐渐成为一体。

他在不长的时间内将中国重新置于一个政权治理下，外御强敌突厥、契丹，内令人民安宁生息，功业之伟大，连后世盛唐也没有完全恢复隋朝的国土面积。然而，其御下过严，令不少功臣未获善终；尤其立杨广为太子，遗祸后代，竟使江山断送，实为遗憾。文帝在位 24 年，604 年病逝于大兴殿，终年 64 岁，葬于泰陵（今天陕西省杨陵（凌）区城西 5 千米处）。

公元 589 年，隋文帝杨坚实现了南北方的重新统一。他总结了前人的经验，认识到勤俭是治国最重要的有效途径。

为振兴国家，他身体力行，勤于政事，俭于自奉。每天一早，便上朝理政，直到过午还不知疲倦；乘车外出途中，遇到有人上书，便亲自停下来过问。在生活上他规定从帝王到后宫，服饰器用，务求节俭。妃嫔们的衣服，只要能穿，就不换新的；宫人们的衣服脏了，都要洗过再穿；车舆上的东西破了，补补之后再用。隋文帝自己的衣服和用物，也是用坏了，随时送去修补，补好再用。

有一天，隋文帝见到太子杨勇的铠甲曾精心地装饰过，很不高兴，便把太子叫到跟前，很严厉地告诫他说：

“自古帝王没有好奢侈而能长久的。你当太子，应该把俭约放在首位，将来才能继承好皇位。为了让你学习我的榜样，我过去穿过的衣服，你应该各留一件在身边，经常观看，以便时刻提醒自己不要奢侈。”

有一次，隋文帝身患痢疾，配些止痢药，需用一两胡椒粉，可是，找遍了宫中上下都找不到。又一次，他到灾区视察，他拿着老百姓吃的糠给群臣看，痛苦地责备自己无德，表示今后膳食从简，不吃酒肉。

由于皇帝躬行节俭，使当时社会上也出现了俭朴之风。一般士人平日多穿布帛，装饰品也只用铜、铁、骨、角制造，不用金玉，为国家节省了大量的金钱和物资。

为了提倡节俭，形成风气，他还从法律上规定，对挥霍无度者，严惩不容。

隋文帝还经常派人侦察朝内外正官，发现罪状便加重惩罚。他痛恨官吏的贪污行为，甚至秘密派人给官吏送贿，一旦接受，立即处死。

他的儿子杨俊，生活奢侈，被他发现后，勒令禁闭。大臣杨素认为罚得太重，杨广说：“皇上和百姓只有一个法律，照你说来，为什么不另造皇子律？”

由于隋文帝在建国初能厉行勤俭，使政治较为清明，阶级矛盾相对缓和，人民的负担比南北朝时期有了显著的减轻，经济呈现出繁荣景象。

可惜，隋文帝晚年对自己提出的要求没能坚持始终。他的儿子杨广上台后，奢侈无度，不久就被农民起义推翻了。

长孙皇后崇尚节俭

> 历览前贤国与家，成由勤俭破由奢。
>
> ——李商隐

长孙皇后(601—636)是唐太宗的皇后，其名字于史未有记载，据《观世音经信笺注》所载，其小字为“观音婢”，长安人，祖先为北魏拓跋氏，后为宗室长，因号长孙。高祖稚，大丞相、冯翊王。曾祖裕，平原公。祖兕，左将军。父亲长孙晟，字季，涉书史，骁勇善战，史书没有记载长孙晟袭封，可能长孙晟不是爵位继承人，他是隋朝右骁卫将军，在隋朝离间突厥战略中扮演重要角色。母亲高氏为北齐清河王高岳之孙，乐安王高励之女。她的舅舅在贞观时代也很有名，叫高士廉。长孙皇后于仁寿元年出生长安。她从小爱好读书，通达礼仪，大业九年(13岁)嫁给了唐国公李渊的二子李世民(其年16岁)为妻，正是杨玄感起兵给隋朝带来严重冲击、李渊已心生反隋之念的时候。历史上关于她的早年生活很少记载，只说她“少好读书，造次必循礼则"。但也能看出家庭环境对长孙氏的熏陶。她和李世民一起生活了23年,陪伴李世民走过了他的青壮年时期,感情很深。在李世民做了皇帝后,成为皇后的长孙氏发挥了无可替代的作用。唐朝建立后,她被册封为秦王妃。当李世民与李建成之间的嫌隙日益加深之时,她对唐高祖尽心侍奉,对后宫嫔妃也殷勤恭顺,极力争取他们对李世民的同情,竭力消除他们对秦王的误解。"玄武门之变"前夕,她又对秦府幕僚亲切慰勉,左右将士无不为之感动。李世民升储登基以后,她被立为皇后。贞观十年(636)6月,长孙皇后在立政殿去世,时年36岁。同年11月,葬于昭陵,初谥曰文德。上元元年8月,改上尊号曰文德顺圣皇后。由于长孙皇后的所作所为端直有道,唐太宗也就对她十分器重,长孙皇后虽然是一个很有见地的女人,但她不愿以自己特殊的身份干预国家大事,她有自己的一套处事原则,认为男女有别,因而她说:"母鸡司晨,终非正道,妇人预闻政事,亦为不祥。"唐太宗却坚持要听她的看法,长孙皇后拗不过,说出了自己经过深思熟虑而得出的见解:"居安思危,任贤纳谏而已。"她提出的是原则,而不愿用细枝末节的建议来束缚皇夫。

长孙皇后生了三个儿子。一天,太子的乳母遂安夫人见东宫用器太少,要求皇后添置一些。皇后不许,并说:"我替太子忧虑的是德不立而名不扬,并非器物太少。如今国家新建,百姓饱受战乱之苦,刚刚安定下来。太子作为储君,应多多体恤民情,注意节俭,方为人君之德。"

她不仅对太子严格要求,自己也是躬行节俭。凡是衣物车马,只要够用就好,从不讲究。六宫上下,都以皇后为榜样,不敢靡费。

公元634年,长孙皇后临终之际,正是大臣房玄龄因一点小的过错被太宗遣归家门之时。长孙皇后从大唐朝的利益出发,再三向唐太宗求情说:"玄龄跟随陛下时间最长,处事小心谨慎,参与国家机密,从来不泄漏一句,为官以国为忧,孜孜求治。平日生活节俭,从不奢侈浪费,一日三餐不食山珍海味。这是多可贵的品质啊!只要没有犯什么大错,请您不要罢免他。"长孙皇后又说:"我的本家有幸与皇上您结成姻亲,但他们并不是靠才德获得高位。生活上不注重节俭,追求华贵,贪图享受。这很容易闹出乱子,请皇上不要让他们掌握大权,只以外戚的身份入宫请见,我就放心了。"

最后,长孙皇后又用低微的声音说:"自古圣贤都崇尚节俭,只有无道之君才大兴土木,劳民伤财。我死之后,不可破费厚葬。只愿依山为坟,不用制造棺椁,所需器服用品,都用木瓦,如能以俭约送终,就是皇上对我的最好怀念了。"听了长孙皇后的话,太宗难以抑制心中的悲痛,默默地应允了她。

魏征提倡以俭治国

俭节则昌，淫佚则亡。

——《墨子·辞过》

魏征(580年—643年)字玄成，唐初杰出的政治家、思想家、史学家。河北巨鹿人。从小父母双亡，家境贫寒，但喜爱读书，不理家业，曾出家当过道士。隋大业末年，魏征被隋武阳郡(治所在今河北大名东北)丞元宝藏任为书记。元宝藏举郡归降李密后，他又被李密任为元帅府文学参军，专掌文书卷宗。

唐高祖武德元年(618年)，李密失败后，魏征随其入关降唐，但久不见用。次年，魏征自请安抚河北，诏准后，乘驿驰至黎阳(今河南浚县)，劝翁李密的黎阳守将徐世勣归降唐朝。不久，窦建德攻占黎阳，魏征被俘。窦建德失败后，魏征又回到长安，被太子李建成引用为东宫僚属。

魏征在贞观年间先后上疏200余条，强调“兼听则明，偏听则暗”，这对唐太宗开创的千古称颂的“贞观之治”起了重大的作用。

魏征一生刚正磊落，守法不移。他身为朝廷的国公、宰相，由于敢于直言相谏，因此深受皇帝李世民的高度信任和重用。李世民把他喻为历史的一面“镜子”。魏征身上具备许多优秀品质，其中节俭朴素堪称世人的楷模。他提倡节俭治国，自己身体力行，率先垂范。

由于李世民采纳了魏征提出的“偃武修文”的主张，又对边境各少数民族和四邻各国采取了较好的安边政策，因此，四海安定，国家兴盛。于是，陶陶欲醉的李世民，不断地在宫中大会宾客，不惜万金，铺张欢迎四邻来使。众大臣们都在尽情地称贺，唯有魏征坐在一旁，默默不语。他在想什么呢？他望望各人筵前，山珍海味，丰盛无比，金杯银盏，醇香四溢。再看看这宽大的金殿，熏香缭绕，四周摆着各种形制精美的几、案、格橱、钟鼎玉石，金银诸器，锃锃发光。一切多么富丽堂皇呀！是啊，国家兴盛了。李世民这样做，是不是忘记了前三年的艰难？是不是忘记了隋炀帝挥霍无度，奢侈误国的教训？是不是忘掉民心不可失？得民心者，得天下。国家方才兴盛，如何保持这兴盛呢？魏征想到这里，感到这是当前一个最重要的问题，必须立即提醒李世民。

在酒席筵上，魏征利用李世民让他发表见解的机会，饱含深情地说：“陛下，今日国家内外安定，初见兴盛，臣为此喜泪沾襟。可是，臣又有所忧虑，国家值此方兴未艾之时，陛下安居这富丽典雅的宫殿，饱享这钟鼎玉食，金银珠宝之乐，会不会‘居安忘危’？”魏征一字一顿地吐出了“居安忘危”四字，然后又疾如迅风地接着说道，“陛下，树根不深，枝叶不茂！水源不足，水流不远。当今国家初兴，根基不厚，必须居安思危，节奢侈，去浪费，一如既往，长谋远虑，以民为重，励精图治，否则前途堪忧！切盼陛下恕臣一片愚忠！”

李世民听了此言为之一震，转眼看着魏征，正欲言语，忽然一侍臣进宫来报，原来又有10个国家和君长要来朝见，李世民十分高兴，就此下了一道口诏，要求朝廷各方面做好准备，举行隆重的仪式款待来使，不得有失大唐的体面。

魏征料到，此事必然又要花费大量钱财。可是，如何处理四邻的友好关系呢？一会儿，魏征很快想出了一个两全其美的办法。魏征向李世民说道：“臣还是那句老话，陛下应当居安思危！当前主要是节俭。刚才，陛下传旨，要大摆仪式，接待西域来使，臣以为这样做于国不利。东汉光武帝在国家困难的时候，就暂时拒绝和西域来往，目的就是减轻劳费。眼下，国家虽然初兴，而边境百姓还很穷困。不久前接待高昌国王来朝，已经加重了沿途百姓的负担。现在又有十国使者要来，其人数不少于千人。这么大的队伍，从西域到京城，路途几千里，我们远接远迎，该要有多大开销啊！国家和地方，尤其是边境的百姓都承受不起这个负担哇！往后，他们还要不断地来……”

有人竟然打断魏征的话，说：“依魏大人之言，莫非是拒客于千里之外？”李世民深知国库的虚实，认为魏征主张节约，也符合国家的实际。但是，四邻的友好使者不能不以礼相待啊！

魏征仿佛看到了李世民的心思，仍然不动声色地说：“依愚臣之见，眼下四邻来使，有一个重要的目的，那就是希望和边境百姓互市贸易，俗话叫‘做买卖’。我们可以答应这个要求，使双方互通有无，和睦相处。这样，四邻满意，百姓高兴，我们也可以不必铺张欢迎。四邻百族，大家常来常往，既节俭，又友好，岂不两全其美？”

李世民闻言，不觉欢喜。刚才“居安思危”的劝告声，深深地触动了李世民。是呀！倘若不注重节俭，忘记了前三年的艰难，国家就不能继续兴盛，大唐功业就难维持！李世民想到这里，蓦地转身，深情地望着魏征，慢慢地转向房玄龄：“房卿！朕方才的口诏收回，速派人传令，停止远迎！”

魏征个人的生活十分节俭朴素。贞观十七年，魏征病倒了，许多人到魏征家中探病，发现魏征的住房简陋，连一间接待宾客的正厅也没有，甚至连床上的被单都很不讲究。李世民得悉这些情况，感慨不已。

李世民听说魏征病情加重，预料这位老臣余日不多，自己即将失去一位忠心耿耿、直言敢谏的良臣，一时心情沉痛。于是没有叫人通报，就御驾亲临了。在魏征家里，李世民举目向四边看看，只见室内的陈设朴素无华。不觉暗自感叹：在这样繁华的京城中，谁相信这竟是国公、宰相的府第？

第二天，李世民又亲自带着太子和公主一同来看望魏征，并把公主许配给魏征的儿子。魏征来不及答谢，就与世永别了。

魏征死后，李世民十分悲痛，赐给他一品官的仪仗，命令九品以上的官员都参加治丧。朝廷罢朝 5 天，隆重举哀。

魏征的夫人裴氏见丧事这么隆重，向朝廷辞谢说："魏征一生节俭朴素，现在按一品官的礼仪哀悼安葬他，这么厚重，这不是魏征生前所愿。"

李世民尊重魏征的遗志，接受了裴夫人的要求，改为从俭办丧事。

狄仁杰劝武则天不造佛像

> 人惰而侈则贫，力而俭则富。
>
> ——《管子·形势解》

狄仁杰是我国唐代有名的公正执法的清官，现在在民间流传着狄仁杰平判冤案，奖励贤良，惩治恶人的很多故事。他和包公一样，在人民中有着很大的影响。历史上也确实记载了不少狄仁杰刚正廉洁，为民请命的事迹。

狄仁杰是今天山西太原人，字怀英，生于公元 607 年，死于公元 700 年。他博学多才，精通经史。在唐高宗时，历任宁州、豫州刺史，后任大理丞，改任侍御史，是朝廷管司法的重臣。他任大理丞时，一年之中处决了 1.7 万人，没有一人上诉鸣冤的，还清理了长年积压的案件。例如，高宗时武卫大将军权善才，因不慎砍了皇帝墓陵上的一棵柏树，高宗命令要立即处死他，案件交到狄仁杰的手中，狄仁杰经过认真的查实，上奏唐高宗，说按法律权善才只该撤职，不该处死。高宗愤愤地说：

"权善才砍了昭陵的树，对我的祖宗不孝，若不处死他，便是我担当了对祖宗不孝的罪名，这怎么行呢？"狄仁杰平静地说：

"我听说，自古以来逆反皇帝的威严，违抗君王的旨令是最难的事，我觉得并非如此。如果在桀、纣那样的暴君时代，确实很难办，而在尧、舜这样清明君主的时代，很好办。圣上制订了法律，规定了百姓、官吏应遵守的条文，定下了处死、流放等处罚等级。从权善才一事看，他达不到死罪，圣上怎能因砍了一棵柏树而杀死一个将军呢？千载之后人们会怎样说陛下执法治罪呢？所以，我不处死权善才是为了陛下不要背上一个无道的骂名。"高宗听了之后，想想确实有道理，怒气渐渐平息，终于免去权善才的死刑。

狄仁杰不仅以执法公正而闻名，

而且以清廉节俭、力戒奢侈而著称。他自己的生活十分简朴，粗衣淡食。他对家人要求很严，不让他们奢费华靡，而心中却时时牵挂着百姓的疾苦，为百姓不受灾难，为力戒侈靡，狄仁杰不顾身家性命，丢官弃职。在武则天即位初期，越王贞发动叛乱，朝廷派宰相张光辅率领军队讨伐叛军。张军军纪很差，到处侵害百姓，妄杀无辜，奢靡无度。当叛军平息后，张光辅的军队还无止境地向人民索取犒劳，当时狄仁杰是豫州刺史。当张光辅自恃有功，来向狄仁杰索取财物的时候，狄仁杰分文不给。张光辅发怒地说："你小小一个刺史，敢小看我这个元帅吗？"

狄仁杰回答说："过去扰乱河南的，只是一个越王贞，现在一个越王贞死了，却又来了一万个越王贞！"张光辅怒发冲冠，大声说：

"你好大胆！敢诬陷朝廷官军。你今天倒要讲个清楚，30万官军怎么又是一万个越王贞？"

狄仁杰毫不示弱地说："你统率的部队30万人，平定了一个乱臣，但是你不能约束士兵，让他们强横施暴，挥霍无度，杀戮百姓，抢劫人民财物，奸淫良家妇女，军官们在军中花天酒地，杀人取乐，有酒宴三天三夜不散者。买物不给钱，借物不归还，军马四处践踏庄稼。更有甚者，拆毁民房来做煮饭的柴火，宰杀耕牛驼马作酒宴之佳肴。这不是越王贞又是什么？"

张光辅听狄仁杰说的都是事实，本想发作，但觉理亏，便强词夺理厚着脸皮地说：

"军士们英勇杀敌，使叛军血流成河，这些事实你又怎么看不见？""将军不说杀敌血流成河犹可，要说杀人你们杀的都是些什么人啊？叛军初起之时，强迫百姓参加叛军，不参加叛军者，老幼不留。百姓处于无可奈何的地步，才参加叛军。官兵一到，他们便立即投降，坠着绳索纷纷从城墙上下来，城墙也被踏出路来。可是投降官军之后，官军却将他们统统斩首，肆意杀戮，真是血流成河，冤声沸腾，上彻于天！杀归降之众，这难道是你们的功劳吗？"

张光辅无话可说，但怀恨在心。回到都城后，向皇帝诬奏狄仁杰对朝廷不恭敬，狄仁杰被贬为复州刺史。

后来，事实证明狄仁杰止暴安民，执法公正，又被武则天调到朝廷做宰相。狄仁杰位迁宰相后，工作更勤恳，生活更简朴。在朝中力倡节俭，休养息民。

一年，武则天要建造一尊大佛像，像高60丈，建于绝壁之上，30里之外便能看得清楚。石工匠役，画师雕工已做出草图，佛像十分精妙雄伟，武则天遍传群臣，群臣赞不绝口。都称这是立于子孙万代的伟业。但是，当核算营造费用时，因府库日亏，国家拿不出钱来，怎么办呢？武则天要群臣出谋划策，有人提出，让天下和尚和尼姑，每人每天出一钱，便可筹足营造资金。武则天很高兴，准备下令执行。这时狄仁杰谏阻道：

“圣上要建一巨型佛像，本是一件好事，能留给子孙万代敬仰。但是，以仁杰的愚见，现在还无能力。因为，工程不会驱使鬼神来做，还要役使百姓来完成。财物终究不会自天而降，还是要百姓从地中产生。不管怎么筹集，最终还是损害百姓，索取于黎民。而百姓黎民呢？近年来战事频繁，搅得他们不得安宁，还有家破人亡者，至今还未恢复元气。又加之近几年来水涝、干旱，风不调，雨不顺，农业连年歉收，而赋税和徭役逐渐繁重。国家财力已先用尽，而人民的痛苦没有消除。这个时候大兴劳役，是国力所不能及的啊！现在战事未息，边境也不安宁，应该减缓守卫边地的徭役，节省无关的费用。假如雇工建造佛像，人们为追逐私利，都到建造处谋利，那必定要错过农时，自然丢弃了国家的根本。现在种不好庄稼，来年歉收必定挨饿。这时兴劳役，还难以供应工程耗费的需求。况且，不管怎么募捐，没有国家的资助，事情一定办不成的。如果国家出资资助，用尽了人力财力，等一方有难，将用什么去解救呢？”

狄仁杰的一番话，说得原来积极主张造佛像的大臣，也纷纷放弃了主张。最后，武则天下令停止佛像的建造工程。

以后，狄仁杰还上谏要武则天提倡节俭，重用人才。他先后向皇帝举荐了张柬之等人做宰相，或委以重任，果然到唐中宗时，这些人使国家振兴起来。

张嘉贞不立田园

> 奢侈会破坏人们的心灵纯质，因为不幸的是，你获得愈多，就愈贪婪，而且确实总感到不能满足自己。
>
> ——安格尔

张嘉贞是唐玄宗时的中书令，久居高官，但是廉洁清正，勤劳俭朴，克己奉公，他的很多事情被传为历史佳话，如言者无罪一事，已化成常用的成语。

唐玄宗开元年间，突厥族的 9 个部落刚刚归附朝廷，分散居住在太原（今山西省太原市西南）一带。因为突厥和唐朝的关系时好时坏，变化无常，张嘉贞便向皇帝上书，请求派军队来管理他们，以防他们变乱，或者引起部落内部的战争，扰乱天下。唐玄宗觉得这个建议很好，便在并州设置了天兵军这种军事机构，委任张嘉贞为天兵军的将领，指挥并州军队，管理突厥 9 个部落。并州地处偏僻，生活非常艰苦。但是，张嘉贞和士卒一起，勤劳节俭，过着十分朴素的生活。看到士卒军饷微薄，生活十分贫苦，张嘉贞常常把自己的俸禄拿出一部分作军饷。士卒伤病，或家中困难者，张嘉贞亲自带着礼物去慰问。对突厥部落，每当年节之时，亲备牛羊和酒，送至部落安抚、慰问，并对他们广施教化，及时协调纠纷，使得突厥部落安然相处，边疆一带日渐安定。对朝廷来的命官、宠臣、太监等，张嘉贞从不逢迎，从不送礼，从不备办酒席洗尘，使这些人对他暗暗怀恨在心。

开元六年（公元 718 年）春天，张嘉贞由于政绩显著，被唐玄宗调到朝廷委以重任。不久，过去嫉恨张嘉贞的人，便向唐玄宗告发他，在军中过分奢侈，贪污军饷，受外族贿赂，要想反叛朝廷，御史大夫王畯上奏疏检举他。唐玄宗很重视这件事，派出亲信可靠的大臣去调查这件事，调查结果，不仅全无奢侈、贪污、受贿的事实，还了解到他体恤士卒，克己奉公，节俭自律的很多好事。当他们向唐玄宗奏明调查结果的时候，唐玄宗十分生气，下令对告发者处以诬陷罪。张嘉贞知道后，上书奏道：

“古来天子处理政事，都要听听各方面的意见，要听乐官吟诵劝谕君长的诗歌，听各种工匠的规谏，接受老百姓的批评，然后从中斟酌取舍。现在如果对这些人按诬陷罪来处罚，这必然要堵塞了人们发表意见的道路，天下的事情就无法上达朝廷了。朝廷应该是言者无罪，闻者足戒。恳求陛下免除这些人的罪过，从而为人们发表意见创造机会。”唐玄宗听从了他的劝告，免除了这些人的死罪，从轻发落，从此唐玄宗认为张嘉贞是个难得的忠臣。

以后，张嘉贞久居高官，但生活一直十分俭朴，而且乐善好施，家中毫无积蓄。当他在定州做官时，亲友们看到他家中依然清贫，年纪已逐渐衰老，节俭的习惯仍然不改。几位亲友焦虑他年老之后如何依靠，便私下商定来劝说他。

一位友人备办了酒席，特意请他来家赴宴，张嘉贞如约赴宴。酒席中大家都先不谈老有所靠的事，都向张嘉贞请教教育子女的方法。一位亲友首先说：

“张大人，现在社会风气不好，特别是富豪家的子弟，父母费尽心血，为他求师就学，怕他挨饿受寒，生活上对他关怀备至，可这些子弟不顾父母心愿，父母之所以这样呕心沥血，还不是望他们成才，创家立业，父母老有所靠啊。可总实现不了这样的心愿，这是为什么？”另一个人也接着说：

“常言道，养儿防老。人不老就好了，老了无依靠，这可是世上最可悲哀的事啊！”

张嘉贞不知大家的真实目的，也信口发表自己的见解：

“养儿为防老，这是自古的常理。但是世上却是痴心爱儿爱女的父母比比皆是，可孝顺的子女却凤毛麟角，而且越是有钱有势的豪门巨富，真正孝顺的不多。以我的愚见，这怕与父母的所作所为关系甚切。”大家看到张嘉贞已慢慢地进入他们的圈套，便紧接他的话说：

“对，张大人高见，一点便击中要害。子女的不成器，最终要归结到父母的作为上来，父母无深谋远虑，当自己衰老年迈之时便无处依靠，这实在是人生一大忧虑！”

“以鄙人愚见，父母要使子女成才，首先就要从自己束约，给儿女作出表率。其次，对子女要求不可太娇，也不可太严，太娇之子女，难以成器，太严之子女，容易木讷、呆滞。当今奢华之风很盛，教育子女克勤克俭当是第一要务。父母纵积下万贯家财，只需养下一个败家之子，也等于清贫门户。”张嘉贞说。

一个亲友觉得时机成熟，便绕着弯子把原来商量好的意思向张嘉贞说出来：

“张大人所见极是，为家之道，一要教好子女，一要积下家财。有财无子，财不守，有子无财，也难以致富。张大人久居高官，清廉节俭，治家有方，子女一个个勤苦好学，品德高尚，将来定是治国之材。不过，张大人现已日渐衰老，子孙赖以创业之基还不备。现定州有几百亩良田，土肥水美，稼禾旱涝保收，大人何不将它购置下来，作为子孙基业，也是颐养天年的好地方。”

“这个……”张嘉贞未作深思，不知亲友突然提出购置田园是何用意，便沉吟不答。其他亲友觉得张嘉贞心有所动，便一个接着一个地说道：

“张大人，这几百亩土地是定州最富庶的地方，购置下来一定不会吃亏。田主因犯了国法，全家被诛，几百亩田地被没入官府，定价拍卖。张大人初来定州，又是一地之主，若论买者，当首推大人，大人意下如何？”

张嘉贞沉吟不响。

“因大人乐善好施，厉行节俭，高薪厚禄多被用以救济贫穷，若手下银两不足，我等几个亲友全力为您筹集，几日之内便可足数。”

“张大人，时机难得，你便购置下来吧。”

“张大人清正廉洁，节俭自律，国人皆知，但是，久居高官而无子孙基业，子孙家族便会怪责，于国有功，于家无益，人生在世应是于家于国都应创立功勋才是。”

张嘉贞听到这里。已经明白大家的意图，大家看到他忠心为国，不顾家业，年纪渐衰，不置田园怕老来无靠。便平静地说：

“诸位亲友如此关心老夫，诚挚之情，永生难忘。我很惭愧，自己才疏学浅，却被当朝委以重任，官至宰相，实在是受之有愧！至于购置田园，我觉得大可不必。我想，在我未死之前，大概是不会忧虑挨饿受冻，朝廷给我如此丰厚的俸禄，足以颐养天年。至于子孙报怨责怪我不给他们创下基业，于家无益，我想这是没道理的。高官是要为国出力，不能为家贪利，基业要儿孙们自己去创，靠先人享乐有何面目立于人世！再说，我即使创下基业，肥田沃地千里，楼亭台阁成片，他们自己没本事，那也是没有用的，反而只会助长他们的奢华。如今，朝廷官吏广占良田，到他们死后，被他们那些没有出息的子弟作酒色享乐的资本，反而促使他们更加变坏，除此之外，还有什么好处呢？要说子孙基业，我看最好的基业莫过于教他们克勤克俭，好学不怠，奋发向上。据我所知，在座诸公，父母都未给我们留下比现在多的基业，都靠我们自己发愤攻读，勤勉职守，含辛茹苦创下的。我们为何不把我们的品德、才学传给他们，而要为他们创下有害无益的田产呢？”

张嘉贞一席话，使在座亲友人人叹服。

唐溪不受密饷

> 勤劳一日，可得一夜安眠；勤劳一生，可得幸福长眠。
>
> ——达·芬奇

唐溪是唐朝唐僖宗时三川节度使陈敬碹的衙门里掌管文书的孔目官，他足智多谋，学问渊博，生活上厉行节俭，为官清正廉洁，很得百姓的好评。

公元 882 年农民领袖阡能领导农民起义，一月之间人数便达到万人，朝廷几次派兵镇压都被击败。后来，朝廷软硬兼施，费了很大的力气才把阡能的起义镇压下去。陈敬碹当三川节度使以后，向唐溪询计，怎样才能使政局平息下来。唐溪向他进谏说：

“阡能之所以起义，是因为官贪残酷，法纪苛严，使他们无法活下去，他们才举行起义。现在要他们不再造反，一定要使他们活得下去。这就要宽刑律、尚清廉、重农耕、施教化。现在最紧迫的就是要出文告，向百姓公告，和阡能一起造过反的阡能的亲戚朋友，只要不再造反，一律不追究，只要安居耕读即可。”陈敬碹便照唐溪说的去做了，向各州发出文告，不再追捕阡能的同党。告示颁布以后，百姓大为放心，很多逃避山林、远走他乡、怕受到牵连的普通百姓都纷纷回家耕种，三川的政局便慢慢稳定下来。陈敬碹非常感激唐溪，送他白银 500 两，美奴 3 人，唐溪坚意推辞不受，说：“政局平稳这应该算是百姓的功劳，我作为你的孔目官，向你谏议，这是我的职守，何需什么赏赐呢？”

不久，邛州刺史上报说，他在邛州逮捕阡能的叔父阡行全家 35 人，全关押在邛州监狱中，请节度使陈敬碹批准处死。当陈敬碹想批准邛州刺史的呈报时，唐溪知道了，劝说陈敬碹道：

“大人不可如此办理！你原来出了告示，对阡能的同党一律不问，今天，你又抓了阡能的叔父阡行全家 35 人，这不是你自己在百姓中不遵守自己的诺言吗？现在，你还同意要杀人家全家 35 人，这不更是逼着他们再起来造反吗？大人好不容易稳定下来的政局不是又要由你自己破坏吗？”陈敬碹一想也很有道理，便说：“那我就不批准处死，把他们全放了吧！”“也不能这样简单地处置。”“那要怎么办呢？”陈敬碹问道。唐溪想了想，接着说：

“现在邛州刺史逮捕了人，在百姓中已造成很坏的影响，百姓一定惊疑不定，过去和阡能起义过的人又会聚众起义，情况十分危急。我想，大人要这样办才能挽回危局：首先，派你亲信的人到邛州，当着百姓宣布你原来的文告，并把阡行全家 35 人从监狱中释放出来。其次，要追查邛州刺史，为什么还要捕人，为什么不执行你的命令？”

陈敬碹觉得唐溪说得很对，就照他说的去办了，派出他的亲信武官牛晕到邛州，在官府门前召集百姓，再次重申了从前的文告，对阡能的同党，一律不问，并把阡行的一家全部放出来。百姓个个高兴万分，感激不尽。唐溪又将阡能的叔父召来，问他为什么邛州刺史要逮捕他的全家。阡行流着泪说：

“是因为邛州刺史要买我的 50 亩好田，我因为这是家传三代的产业，执意不卖给他。他便怀恨在心。不久前，他见我家的独生女儿长得美貌，要娶之为妾，我也坚持不肯，狼心狗肺的刺史，就把我的全家逮了起来，抢走了女儿，在狱中百般拷打我们，想要灭绝我们全家啊！”

“你说的可是实话？”唐溪问道。

“我说的句句是实情！”阡行回答道，“大人不杀我们全家，我们已经感恩不尽，今日怎么还要敢来诬陷刺史？”

唐溪把了解到的实情告诉了陈敬碹，说道：“邛州刺史果不出所料，借着你的名义，在邛州欺压百姓，谋取私利，霸占民女，侵夺田产，不惩处不足以正法安民。”

陈敬碹便下令追查邛州刺史的罪行，邛州刺史知道以后，走投无路，便上吊自杀了。

后来，阡行知道是唐溪的几句话才救了他一家的性命，又是唐溪的机智，才使无恶不作的邛州刺史得到应有的下场，对唐溪感激不尽。便暗暗筹集了 100 两金子，趁夜深人静的时候，偷偷潜入唐溪的府邸，见到唐溪之后跪谢说：

“小人全家性命、财产是因为大人的几句话，才得以保全，大人的恩情小人全家感激不尽。现送上金子 100 两，感谢大人救命之恩！”

唐溪见阡行深夜潜入家中，起初大吃一惊，后来听了阡行的话后，才放下心来，说道：

“救你的全家，不是我的功劳，是陈太师的所为，他如果要杀你们全家，我不要说几句话，就是说几天的话也没有什么作用！金子我不能收，你赶快拿走吧！”

阡行还是不起来，说道：

“大人的谦虚、清正小人早已听说，大人认为只是说几句话，没有起什么大作用，没有费什么力，但在小人是生死攸关、祸福维系的绝顶大事！大人给小人如此巨大的恩德，小人不报有何面目见人？还请大人笑纳。”

“你的心我领了，你说的也不无道理。但是我是以清正为荣，廉俭至尚的人，不要说100两金子，就是10两，1两我也是不能要的。我若收下1两，我一生的清廉就被断送了，还是请你不要玷污我的清廉品德。再说，劝说太师执法公正如一，这本是我们孔目官的职责，我尽了职责，朝廷给了我们俸禄，这就很够了，怎么还能再要你的呢？”

这时，街上传来一声声梆声，告诉人们现在已经是三更时分了，而阡行见唐溪不收，跪在地上就是不起来。唐溪正在没办法、没主意之时听到梆声，便顿生一个主意，对阡行说道：

“你的金子我是不能要的！现在已过三更，陈太师很快就要派兵卒巡查府邸了。到时被他们看到你在我这里，不仅要祸及你的全家，还要牵连到我和我的全家。趁现在无人，你赶快走吧！”

这一招果真灵验，阡行一听觉得也有理，如若说唐溪勾结阡能党羽，反叛朝廷，那罪不是更大了吗？便收起金子急速离开。

苏世长谏唐高祖不忘节俭

> 多求不如省费。
>
> ——宋·司马光《言招军札子》

苏世长是唐高祖李渊的谏议大夫，因为品德高洁，为政清廉，又能直言敢谏，很得唐高祖的重用。

有一次，李渊邀请苏世长到长安披香殿饮宴，披香殿是李渊精心设计建造的最华丽的宫殿。建造之时李渊招募了全国最好的工匠，又借鉴历朝的宫殿，仿照秦朝的阿房宫式样，金饰屋壁，银裹柱梁，铜门漆户，瓷地罗帷。白日，阳光斜映，金碧辉煌；夜晚，火烛照耀，银光灿烂。宫前栽各种名贵花木，又运来美石围池作山，宫内将所获珍宝美器古玩，全摆列在四周。还选来天下美女数十人，作殿中役使、侍候的嫔妃。对于寻常人，李渊不在这里接待。在此接待苏世长，本想表示对其的尊重和宠爱。苏世长也是第一次到这个披香殿内来。

一进殿苏世长就大吃一惊，李渊竟悄悄建了这样一个华丽处所隐藏着。可见，平日向他进谏的“治国之本，节俭为先”的话，全白说了，今日要用什么办法，来让他省悟呢？苏世长陷入了沉思。但外表上他不动声色，谈笑自若。一会美女献上美味佳肴、琼浆玉液，苏世长也不推让，和李渊便杯瓶如梭，开怀畅饮。当李渊在令侍女斟酒三杯之后，苏世长精神更为激奋，便对李渊禀奏道：

“今日蒙圣上厚爱，在如此华丽、辉煌的隋炀帝宫殿宴饮下臣，下臣实在感恩不尽！”

“苏卿一贯喜欢进谏，给人的印象是你很直率、坦白、心地如镜。现在看来，世人都看错了，苏卿是最为狡诈不过的了！”李渊以戏谑的口吻笑着说。

“圣上何以见得下臣狡诈？”

“这宫殿本是朕精心建造，你为何说是隋炀帝的宫殿？”

“这宫殿如此豪华精美，原来不是隋炀帝建造的呀？”

“这是朕花了5年时间，遍招天下能工巧匠建造的，怎么是隋炀帝建造的？”

“请陛下恕罪，下臣实在不知。下臣过去陪伴陛下，只见陛下在夺取天下之时，艰苦节俭，所住的居室，不求华丽，只要能遮风避雨就行。所盖被褥，皆用粗丝缝制，破旧了还不准人换新的。所穿衣袍，也多是破旧补过的。我清楚记得，有一次，一个侍卒将陛下的破旧马笼头丢了，换上一副饰有银饰的笼头，陛下还将侍从狠狠训斥一顿，硬不用那银饰的，又去将旧笼头找来套上。圣上当时还说：‘国之兴衰，人之能否成器，只需用‘节俭’二字量之，便可知矣。”臣万万想不到，隋的寝宫、鹿台的琉璃瓦会在这里看见。殿内珍珠满屋，银柱金梁，美女盈室，也只有隋炀帝的宫殿才有。圣上前后变化，下臣实在是不敢相信是真的啊！”

唐高祖李渊在听了苏世长的话后，内心展开了激烈的斗争：是啊，我的变化为什么这样大呢？怎么在我不知不觉中，已走上了隋炀帝灭亡的道路了。不是苏世长提醒，我不是还要继续走下去吗？怎么这段日子像在梦中一样呢！苏世长见李渊皱着眉不吭声，明白自己的话已有几分效力，还要紧抓不放。便说：

“陛下，下臣因一时高兴，多喝了几杯酒，醉意上来，神志不清，胡言乱语一通，请陛下恕罪。”

“不”，李渊颇有感触地说：“我确实走上了亡隋的道路。不是苏卿的提醒，我现在还醒悟不过来。”

苏世长听到这里，赶快跪下叩谢。说道：

“陛下这一醒悟，实在是可喜可贺！这是百姓的大福、社稷的大福、国家的大福啊！不瞒圣上说，下臣早已为圣上登基之后的日渐奢靡十分担忧。隋朝就因为奢靡无度，使人民负担沉重、痛苦不堪，最终使天命归于有道的明君。圣上如今取得江山，应该是戒除隋朝的奢侈荒淫，不要忘记打江山时的勤俭节约啊。现在刚刚打得天下，你便学着秦、隋盖起这样的宫殿来，想使天下养息元气、倡廉励俭，澄清混乱的局面，这能办得到吗？”

以后，唐高祖李渊便注意保持俭朴的风尚，以使唐的江山得以长久。

张俭不穿新皮袍

有德者皆由俭来也。
——宋·司马光《训俭示康》

中国北宋时期，北部地区的契丹族建立起一个国家，它就是大名鼎鼎的辽国。辽国皇帝圣宗耶律隆绪统治时期，有一位宰相名叫张俭。

张俭（115—98），字元节，山阳高平（今山东邹城西南）人。汉桓帝时任山阳郡东部督邮，宦官侯览家在山阳郡，其家属仗势在当地作恶，张俭上书弹劾侯览及其家属，触怒侯览。建宁二年（169 年）党锢之祸再起，同样憎恨张俭的朱并诬张俭与同郡 24 人共为部党。朝廷下令通缉，张俭被迫流亡。官府缉拿甚急，张俭望门投止，许多人为收留他而家破人亡。他直到党锢解禁才回到家乡。

张俭做了 20 多年宰相，始终倡导俭朴精神，反对奢侈浪费。在辽国，因当地处北方，冬季长而且冷，人人都有皮袍。皮袍做工及面料悬殊极大，一般百姓穿的羊皮袄根本配不起面料。达官贵人常以皮袄之多少与面料、手工的好劣来显示自己的身份和地位。人们在路上匆匆走过时，总要彼此打量一下对方的皮袍。不要说那些王公大臣了，就是一般小官吏，每人少说也有几套像样的皮袍子。

在人们崇尚华丽高贵的装束时，张俭却总是穿着那件虽干净但却陈旧的皮袍。那皮袍，少说也有 30 年了。

张俭常开玩笑地对亲朋说：“我和我的全家都讲究节俭！连我的名字也沾着节俭的边。”

张俭身为宰相，仅为自己准备了一件皮袍，一些有远见的人都说：“宰相尚且穿着朴素，何况我们呢！”还有些讲求奢侈的人也稍稍收敛了一些。当然，也有少数人铺张浪费搜刮百姓已成恶习，不仅认识不到张俭所作所为的意义，而且非议他有钱不用、装穷，是为了笼络人心。

人们的议论渐渐传入了圣宗的耳朵，他从一位大臣那里打听到了张俭只有一件穿了几十年的旧皮袍后，感到很吃惊，说：“如果张宰相的事果真如此，那确实令人佩服。不过，作为百官之首，俸银是不少的，怎么会连件好些的皮袍都做不起呢？真让人有些不敢相信。”圣宗把此事暗暗记在心中，总想寻找机会证实一下。

机会终于来了。有一天，张俭到宫中和圣宗谈论国事。当张俭谈兴正浓时，圣宗事先安排好的一位小太监手拿香火，悄悄在张俭的皮袍背上烫了一个洞。张俭聚精会神地讲话，竟毫无察觉。圣宗看在眼里，心中十分得意：难道他仅此一件皮袍？

第二年冬天又来了，圣宗并未忘记此事。在众大臣又都穿起皮袍上朝议事时，圣宗故意地在大殿上走来走去，仿佛是在思考大家的发言。当他走到张俭背后时，故意放慢了脚步，仔细观看那皮袍。他终于看到了那个头一年烫的小洞。

圣宗十分感动。走到张俭面前，说："张俭，你日夜为国操劳，为什么连一件好些的皮袍都不肯做呢？"

张俭连忙答道："我身为群臣之首，理应俭朴，这才能扭转奢侈之风。"

圣宗想了想，又说："朕了解你，也赞同你的想法。只是一件皮袍的确少了些，再做一件好些的，换着穿。这样吧，朕特准你到库房里从贡品中挑选一批好些的衣料。"

张俭不好违抗君命，就到库中挑选。选来选去，足足花了一个时辰，好不容易挑选了一匹他中意的皮袍面料。

张俭挟着选中的面料来到了大殿，谢了圣恩，将面料放在自己的位子上。满朝文武，包括圣宗看到了他挑选的面料后，都惊讶地瞪大了眼睛。

原来，张俭挑选的竟是一匹粗布。

金世宗崇尚节俭

为政之要，曰公与清。成家之道，曰俭与勤。

——宋·林逋《省心录》

完颜雍（1123年—89年），女真本名乌禄，汉名原叫完颜褎，是金太祖完颜阿骨打的孙子，1123年出生于上京（今黑龙江阿城南）。年号大定，庙号世宗，在历史上号称"小尧舜"。

完颜雍从小善于骑射，才识过人，初被封为葛王。即位之前，曾先后在会宁、中京、燕京、济南、西京、辽阳等地做过地方官，对民间的疾苦有所了解。金世宗即位之前，金朝的皇帝是海陵帝完颜亮。他统治的时期，赋役繁重，战争接连不断，激起了统治阶级内部矛盾和人民的不满。1161年10月，由于害怕被完颜亮杀害，完颜雍起兵反抗，在辽阳即位，改元"大定"，他就是金世宗。不久，海陵帝在扬州被部将所杀。总结教训，金世宗采取了一些有益的改革措施，重新整顿了金朝的统治秩序，使金朝出现了当时罕见的好局面。因此，清朝人赵翼说："金代九君，世宗最贤。"

1162年2月的一天，在金朝首都的宫门口，有个老臣局促不安地等待着求见金世宗。他叫张浩，辽阳渤海人，从金太祖阿骨打时期起就任官，是前任丞相。金世宗亲切地接见了他，并推心置腹地对他说："现今，我感到国君难当，生怕出现一些差错和弊端。你是国家的元老，理当齐心合力帮我治理好我们的国家，好让后世人来赞扬我们的德政。"张浩是个秉公办事的人，在他任地方官时，所在的县秩序井然，政绩显著；后任尚书时，负责监督营建燕京都城的施工，也深得民心。但是，也正是在他任丞相期间，海陵帝好大喜功，滥肆征伐，大兴土木，弄得民怨鼎沸。张浩虽曾婉言相劝，可并没有抵制。张浩深感自己未尽职责。金世宗知道张浩的为人，也怕他有此顾虑，于是就对他说："在海陵帝时，你是丞相，负有一定的责任，但是有些事与你无关，因此大家并不怪罪于你。现在，我继续请你为丞相，也就是对你的信任，请你自勉，不要辜负了我的信任。"张浩对金世宗这番通情达理的讲话非常感激。这次会见，使君臣之间的感情得到了交流。

金世宗是中国历史上有作为的帝王之一。在他统治时期，他极力崇尚节俭，并且身体力行。他从即位以来，穿的、用的，往往还是旧的。他吃的也比较俭省，从不铺张摆阔。一次他正在吃饭，他的女儿来了，他竟没有多余的饭菜给女儿吃。

还有一次，太子詹事刘仲海向金世宗请示增加东宫的收入和陈设。他不同意，并且说："东宫收入已有规定，陈设也都有，为什么还要增加呢？太子生于富贵，容易养成奢侈的习惯，你们应当引导他崇尚俭朴。"

平时，他主张节俭，反对铺张浪费。他对秘书监移剌子敬说："亡辽的日子，杀了300头羊来庆贺，哪里用得了那么多，这是白白地伤生呀！也是很大的浪费呀！我虽然处在至尊的地位，每次吃饭，常常想到天下那么多的贫民还在忍饥挨饿，这种情景，仿佛就在面前一样。"

大臣们认为皇帝不同于常人，可以豪华一些。他不以为然地说："天子也是人，浪费有什么必要？"当时，各地时常向朝廷进贡一些食品，他认为这样就是浪费，于是几次下诏罢止。

他听说自己到各地住过的殿堂，都封闭起来，不让别人住了。他认为这样做太无聊，就让臣下诏令，这些房子要开封，仍然可以住人。

他经常教育太子、亲王，要他们注意节俭。并以自己所穿的衣服为例说："我的这件衣服已经穿了3年多了，至今未曾更换，现在还是好好的。你们应当记住我的话。"

朱元璋教臣勿忘俭

俭则约，约则百善俱兴；侈则肆，肆则百恶俱纵。

——清·金缨《格言联璧·持躬》

明太祖朱元璋(1328—398),字国瑞,原名朱重八,后取名朱兴宗,后改现名元璋。大明王朝开国皇帝,民族英雄,也是继汉高帝刘邦以来第二位平民出身并且统一全国的君主。汉族,濠州钟离(今安徽省凤阳县)人。祖籍沛县(今江苏省沛县),与刘邦同乡,《明史·太祖本纪》称朱元璋"世家沛,徙句容,再徙泗州"。《明实录》、《天潢玉牒》等史籍中也有类似记载。1368—398年在位,年号洪武。其谥号开天行道肇纪立极大圣至神仁文义武俊德成功高皇帝,葬于明孝陵。

他从一个云游四方、四处乞讨的和尚到开创大明基业的一代英主,朱元璋的一生颇有传奇色彩,在我国历史上也算是一位较有作为的皇帝。也许正是由于早年历尽了人间的饥寒困苦,又亲眼目睹了元代统治阶级由于荒淫昏聩所招致的政权崩溃,所以,朱元璋在做了皇帝以后,除了采取一系列政治、经济、军事的有效措施以外,仍然不敢放松提倡节俭,并经常以身作则,教育大臣们在治理国家当中勿忘节俭。

朱元璋登基以后,为了避免重蹈历代帝王奢侈误国的悲剧,就命人在自己屋里的屏风上,写下了一首唐诗,好随时提醒自己引以为戒。诗中说:南朝天子爱风流,尽守江山不到头。总为战争收拾得,却因歌舞破除休。尧将道德终无敌,秦把金汤可自由?试问繁华何处在?雨花烟草石城秋。

朱元璋心想:历代王朝的没落,大都因为追求奢华,无节制地沉溺于声色犬马的享乐之中,才渐渐导致了政治上的昏庸无能和黑暗。如今我好不容易开创了大明基业,更要想方设法让它千秋万代传延下去。现在我把这首诗抄在了屏风上面,一抬头就可以看见它,这正好可以提醒自己念念不忘历史上的教训。我不光要自己引以为戒,更要教育大臣们在治国之中历行节俭。只有这样,节俭的习惯才能在上上下下蔚然成风,只有这样,才可以保我大明江山永不易主。

想到这里,朱元璋的脸上不禁露出了一丝满意的笑容。

一天,朱元璋与众大臣在朝中议事。忽然太监来报,说有一回族商人,带着珍贵的礼品前来朝见,并坚持要当面呈给皇上。

大臣们一听,是什么样的宝贝啊?这么贵重,竟敢要求当面交给皇上。一个个的脸上不禁露出好奇之色。

朱元璋与众人在朝中议事,本来并不打算在这种时候随便接待一个商人。但一来因为这个商人是少数民族,二来见大臣们都面面相觑,大有一睹为快之意,于是就有了另外一番打算。

朱元璋命太监传旨,把商人召上殿来。

却说商人带来的东西的确是稀世之宝,他要把这宝物献给当今圣上,为的是能够取得皇帝的好感,今后好得到朝廷的特别照顾。忽听里面宣他上殿，商人慌忙整理衣冠，兴冲冲地跟上殿来。

见过洪武皇帝以后，商人呈出宝物说："这宝物名为番香阿刺吉，是稀世珍品，只有在我们回族居住的地区才有珍藏。它既对心痛具有奇特的疗效，更是举世无双的宫廷化妆用品。臣民特将此物献给皇上，请皇上一见。"

太监把这宝物呈到皇上面前。朱元璋看了看，故意装出一副赞许的模样，然后还特意把它让众位大臣传看。这番香阿刺吉在各位大臣们的手中传递着，啧啧称羡之声不绝于耳，最后还有几位大臣出班奏道："陛下得此稀世之物乃我大明社稷的福分，望陛下厚赐献宝之人。"

朱元璋听了以后不置可否，只是用目光环视了一下大殿两旁，见不少大臣都面露赞许之意，然后才笑了笑说："感谢你远道而来献此宝物。但我中原地区盛产治疗各种疾患的药材，并不单独缺少你这种专治心疾的灵丹妙药。因此它对我来说并没有多大的用处。至于说到化妆，它的确是难得之物，人们用了它确实可以打扮得极其美丽。但是寡人后宫里的人如果都以此物化妆为荣，那除了会助长奢华的风气之外，还能够给我带来什么呢？俗话说居安思危，我日夜所担忧的就是国家初定之后，大臣们贪图享乐，不思节俭。历史上以奢误国的例子不胜枚举，你刚才已经看到了，我还没有答应下来，我的列位爱卿之中就有不少人已经对此物爱不释手了。可想而知，如果寡人接受了它，那我朝中追求奢华，贪慕虚荣的风气还不很快就会泛滥开来。奢侈之风一旦蔓延起来，即使是再好的臣子，还会专心致志、卓有成效地治理国家吗？如此看来，你的稀世之物对我来说实在只有百害而无一利。为了我的江山社稷，也为了我的列位爱卿，你还是把它带回去吧！"

听了皇上这番苦心的教诲，刚才还在极力称许此物为稀世之宝的各位大臣都惭愧地低下了头。

数年之后，因为宫中的房屋要做修缮和调整，而原来朱元璋的住房在规划之中也准备另作他用，于是负责宫中事物的太监向朱元璋启奏，说要为皇帝另处一个宫室。起初，朱元璋根本不肯，后来听太监陈述了其中的原委，才勉强答应下来。

负责工程的官员领到任务以后，丝毫不敢怠慢，一头钻进了历代建筑的资料当中。没有几天工夫，宫室的图纸设计出来了，它汇集了南北建筑艺术的精华，并极尽帝王居所的豪华和雄伟。

太监拿到这份图纸以后非常满意，就跑到朱元璋那里去征求意见。朱元璋一看图纸，顿时满脸的不高兴。他把图纸丢到一边对太监说："一个普普通通的居室，为何搞得如此奢华？"

太监原以为图纸出了什么差错，

才惹得皇帝不高兴,不想皇帝生气却为的是宫室过于豪华气派。太监一时转不过弯儿来,心想:历代帝王居所都是如此,我承前人之制,又有什么过错呢?太监虽然没有说话,但朱元璋已看出他心怀委屈,于是稍稍缓和了一下口气说:"营造新的宫室不过是为了居住之用,搞那些雕梁画栋,不过是为炫耀自己的气派,这不仅会造成钱财上的浪费,更重要的是会助长奢靡之风。朕闻古人云:'上有所好,下必甚焉'。我身为一国之主,如果对造房之事听之任之,那满朝的文武就会积极仿效起来。这种风气一旦传播开来,那将耗去多少财富?而且对我大明社稷又会带来多少危害?朕正是为此才感到建宫室之事决不可逆我意。若要悦我的心意,就要按照朕的旨意去做,把那些多余的东西统统命人去掉。你主管宫中之事,一言一行都受到众人的注意,因此你每做一件事情,都应该为国家的前途着想才是。"说完,朱元璋头也不回,径直走出了大殿。

重新建造的宫室不久就落成了,由于朱元璋的干预和坚持,整个建筑肃穆大方,一点多余的豪华装饰也没有保留,厅内也只绘制了一些著名的历史故事和古代杰出人物的画像。清风徐来、皓月当空,洪武皇帝朱元璋在太监的陪同下来视察新落成的宫室,走进宫门,远远望见素朴雄壮的建筑与苍松翠柏交相辉映,朱元璋的脸上露出了一丝满意的笑容。

廉吏于成龙

人惰而侈则贫,力而俭则富。

——《管子·形势解》

于成龙,字北溟,号于山,清山西永宁(今吕梁离石)人。谥"清端"、赠太子太保。于成龙明崇祯十二年(1639 年)举副员,清顺治十八年(1661 年)出仕,历任知县、知州、知府、道员、按察使、布政使、巡抚和总督、加兵部尚书、大学士等职。在 20 余年的宦海生涯中,三次被举"卓异",以卓著的政绩和廉洁刻苦的一生,深得百姓爱戴和康熙帝赞誉,以"天下廉吏第一"蜚声朝野。百姓送给他一个外号,叫"于青菜",以示亲切和景仰。

于成龙早年曾任过罗城(广西北部)县令,当时的罗城,经历了 20 多年的兵刀之乱,只剩 6 户居民,连县衙门都一片凄凉。县衙院内荒草丛生,中堂仅有 3 间草房,内宅的茅屋内没有墙壁,破陋不堪,有时大白天竟有野兽出没。这里的百姓根本无法生存,有的沦为"盗贼"。面对这些困难,于成龙没有退却,他用石块垒起"案儿",在堂前支锅做饭,夜里睡觉头枕刀枪,就这样开始了整治边荒的工作。为制止械斗,劝民务农,恢复生产,他呕心沥血，历尽艰辛，罗城人民十分恭敬他，亲热地称他“阿爷”。

远在边关，于成龙自奉菲薄，生活清苦。他离开山西老家赴任时，曾雇了5名壮仆相随。不料，到了罗城，壮仆们忍受不了于成龙的艰苦生活，有一人病死了，3个人逃走了。后来又雇了4人，结果还是死的死，逃的逃，没有一个人肯跟随他。百姓们见他实心任事，却如此清苦，心中十分不忍，便凑了钱给他送去，他们跪在地上恳求于成龙收下：“我们知道阿爷辛苦，请收下这点盐米钱吧。”成龙却说：“我一个人在这里，要钱干什么？你们拿回去奉养父母，也就等于给我了。”后来，于成龙的儿子来罗城看望他，百姓听到这个消息，喜出望外，大家凑了不少金银，送给于成龙的儿子，让他带回家去。于成龙又婉言谢绝了，他说：“我家离这6 000多里，他一个人拿这么多钱，不是太吃力了吗？”百姓们个个感动得热泪盈眶。

于成龙俭朴为官，在朝廷也是出了名的。一次广西秋试，来广西的众官员个个美服盛饰，衣冠楚楚，还带着面貌清秀的随从，于成龙则与众不同，还是穿那件旧布长袍，只带了一个老家奴。众官员见了面，相互寒暄，对于成龙则有些看不起，有的“指目揶揄”。这时，广西巡抚走出来，他虽不认识于成龙，却似曾相识，指着这个敝衣垢褛的于成龙说：“此人定是罗县令！”原来他对于成龙的廉洁奉公早有耳闻，这次一见，一猜即中，一时弄得众官员面面相觑。

于成龙60多岁时，被康熙派往福建，先后任按察使、布政使。他虽任两司长官，已是封疆大吏，但不改初衷，依旧口不言财，一尘不染。在他的内室，陈设十分简陋，除了破旧的案儿，一个装朝服的竹筒，两个饭锅之外，其余都是他的全部文卷书册。

有一年，他任江南江西总督时，母亲故去，他回老家料理丧事，又返回江南住所。返回途中，他只雇了一辆骡车，带了几十文钱，沿途只住饭店不住公馆，也不惊动路过的地方官府，悄然无声地回到江宁。他做官多年，从不带家属随任，到晚年，才带小儿子在身边照顾。

于成龙多年身居高位，自奉简陋，粗茶淡饭，人人皆知，加上他府中的《青菜图》，因此，江南人送给他一个外号——“于青菜”，在他的影响下，江南民俗有很大改变，过去人们喜欢穿着艳丽，后来，竟上行下效摒弃了绸缎，都以穿布衣为荣。连士大夫家里都不再攀比奢华，自动减少了车马家奴，府邸不那么辉煌了，婚嫁也不再吹吹打打了。

于成龙死后，人们在他的遗物中只发现一袭绨袍和几罐盐豉。消息传出，江南百姓十分哀痛，店铺停业，家家户户挂起他的画像，进行奠祭，康熙皇帝得知他临终前的状况，十分感慨，赐他封号——清端。

陈嘉庚勤俭报国

节用储蓄，以备凶灾。
——《后汉书·肃宗孝章帝纪》

陈嘉庚是中国著名的爱国华侨，1874年生于福建省厦门同安县集美社(今属厦门市)。他一生热爱祖国，曾为国家的独立、民主、富强、进步而不断斗争。辛亥革命时，他加入了同盟会，募款支持孙中山的革命斗争；抗日战争中，他先后建立了“南洋华侨筹赈祖国难民总会”和“新加坡华侨抗敌后援总会”，发动华侨参加抗日斗争；解放战争中，他领导“星州各界促进祖国和平民主联合会”，积极支持祖国的民主运动。新中国成立后，他曾任华东行政委员会副主席、中华归国华侨联合会主席，并当选为全国人民代表大会第一、二届常委，全国政协第二、三届副主席。

陈嘉庚生于商人家庭，他17岁时跟随其父陈如松远渡重洋到新加坡经商。由于他经营有方，在华侨中比较早地兴办起橡胶种植业和工业，并大规模地经营房地产业和航运业，成为世界闻名的百万富翁：拥有橡胶园和黄梨(菠萝)园10万亩，各类工厂30余所，国内外分店百余家，其资产遍及新加坡、马来西亚、泰国、爪哇、印度等地。

陈嘉庚虽然富有，但他始终以奢侈浪费为耻、艰苦朴素为荣，不仅自己生活俭朴、自奉甚微，而且严格要求子女。每个孩子读书期间，只能得到父亲提供的起码生活费——每月8块银元，如不知节省，随意超支，就要遭到严厉批评。

陈嘉庚的儿子阿国在中学读书时，年纪小，花钱无计划，有一个月从父亲的集通银行多支了10块银元。这件事，刚好被回厦门清理账目的陈嘉庚发现了，他立刻派人把阿国找来，进行了一次严肃的教育。他开门见山地问阿国：“你嫌我每月给你8块银元作生活费太少吗?”阿国点点头，以为爸爸要征求他的意见，为他增加一些生活费。谁知这时陈嘉庚十分气愤地说：“你一个中学生，每月8块银元还不够花，可是集美师范许多穷学生，一个月才拿4块银元的助学金，还要节省一半寄回家，你真会花钱呀!”

儿子阿国不解地说：“我和他们不一样！我……您是有几百万元的家财呀!”陈嘉庚火了，举起拐杖指着儿子说：“不错！我有几百万元家财，完全可以盖豪华的别墅，可以养得起大批奴婢。可是，我要把它用于社会，决不让子孙挥霍!”他命令儿子每月扣回2块银元，5个月内必须把多支的10块银元扣清。

陈嘉庚先生始终坚持不让孩子随意侵吞他的钱财，一旦发现哪个儿女向他公司借钱不还，他都要训斥一顿，令其按期如数奉还。他还坚持只要儿女长大就业后，就不再资励他们钱财，让孩子自己去体会生活的艰辛，靠自己的力量去创造生活。

陈嘉庚对自己、对子女如此“吝啬”，对祖国却十分慷慨，他曾说，旧中国“门户洞开，强邻环伺，存亡绝续，迫在眉睫，吾人若袖手旁观，放弃责任，后患何堪设想”，“余久客南洋，心怀祖国，希图报效，已非一日”。从 1913 年起，他在集美、厦门、闽南、新加坡，先后创办和赞助了许多学校。

在集美，他创办的初级学校有：男女小学和幼儿园；中等学校有师范、中学、水产、航海、商业和农林学校；高等学校有国学专门和水产商船专科学校；另外还有图书馆、科学馆、体育馆，医院、农林试验场和教育推广部等。

在厦门，他于 1921 年创办了厦门大学；在闽南，他通过集美学校的教育推广部倡办和补助了 2 所中学和 70 多所小学。

为振兴中华的事业，陈嘉庚是何其慷慨。他一生捐献的教育经费，相当于他企业全盛时期的全部不动产，折合人民币 1.05 亿元！正如他所说的：“金钱如肥料，散布才有用。”新中国成立后，国家给他月薪 300 元，他除了每月 15 元伙食费外，全部存入集美高校会计处，作为公用。他自己依然节俭如初，不嗜烟酒，衣服、鞋袜、蚊帐、布伞，都是补了又补。他不求个人的声誉，反对用自己的名字命名任何建筑物，他求的只是中华的崛起、腾飞……

闻一多节衣缩食渡难关

> 声色之害，甚于鸩毒。
>
> ——《明通鉴》

1940 年冬天，一贯执行消极抗战、积极反共政策的国民党反动派，不顾国家民族的利益，又丧心病狂地发动了第二次反共高潮，罪恶的行为使闻一多震惊。

闻一多先生是西南联大中文系的教授。由于国民党反动政府的统治更加反动，更加贪污腐化，因此使得像闻一多先生这样依靠薪水维持生活的人们，普遍陷入了艰苦的阶段。物价越来越高薪水越来越少。

在这种艰苦的时期，有的教授专家经不住艰苦的考验，为了追求一点物质享受，改行去干赚钱的事；还有的脚踏两只船，挂着教授的招牌，不时来往于渝昆道上，到重庆去乞求蒋政府一点施舍。

“这都是可耻的行为！只能享受国家的优待，不能分担国家的苦难！”闻一多依然坚持着抗战胜利的信念，凭着天真的爱国热情和贫贱不移的品质，严厉地谴责了这样一些知识分子，他屹立在物价的重压下，继续从事着自己的工作。

万恶的日寇，在国民党反动派的第二次反共高潮失败之后，又加紧军事进攻，继续对后方城市实行“疲劳轰炸”。昆明人民跑警报，成了每天例行的而且几乎是定时的“任务”了。闻一多在城里租不起房子，夫人身体多病，孩子又小，跑警报担心害怕，在城外找房子住也不容易。后来总算在昆明西北郊的普吉镇，同闻家驷教授，弟兄两家十多口人租到两间破楼，勉强住下，楼下前面是栈店，后面是豢养牲口的地方，风吹或日晒都会卷来冲天的臭气；碰上雨天，雨点就从瓦缝里滴到室内；白天黑夜吵吵嚷嚷，赌博吃酒的吆喝，打架咒骂的声音，使得他们不能好好工作，也不能好好休息。

房子太小，家人便都睡在楼板上。每天，闻一多都起得很早，趁这安静的时刻，抓紧做点工作。等孩子们都起来了，他就把被单拉直叠起，然后就轻轻扫地。像他在从长沙到昆明 3 000 多里步行中得到了步行经验一样，现在又有了扫地的经验了。孩子们常常抢着干活，热情很高，可常常扫得灰尘四起。他就接过扫帚，对他们说，扫地也要好好学学，不能洒水，因为水把灰尘凝成了泥块，扫不干净；扫地又不能乱用力，否则会使灰尘飞扬起来。

住的水准是无法再降了，因为他已住到贫民窟里去了。食的水准也在不断地变化，原来每天还能维持三餐，照例是腌菜、腌豆腐和一锅自水煮的白菜米粉，还有被他誉为“白肉”的豆腐，诗人给这个菜取了一个很美的名字：“一锅熓”。而且感到十分满意的是，他喜欢酱菜和辣椒，在喜欢吃辣味而又出产浓茶的云南，还比较容易满足。“一锅熓”沾着盐巴辣椒，吃起来也很津津有味。

昆明虽然四季如春，缺乏阳光的破楼上却阴暗得难受。冬天来了，他常常抱着毯子，领着夫人孩子们到镇外河滩边的草地上晒太阳。他解嘲地说：“不是营养差了吗，就让我们向阳光找补偿！”

生活条件一天比一天恶化，但他紧一紧肚皮，仍然坚持下来。他应付第二期艰苦的办法，便是和饥饿作战，三顿干饭改成两顿，两顿还不行就吃一顿干饭一顿稀饭。那特制的“一锅熓”早有了变化，油花越来越少，白菜粉条也被淘汰，“白肉”也代之以豆渣。

有时他领着孩子到田里捕捉害农的蝗虫，拿回来炸一炸，加点盐，当大虾咀嚼。但是，炸“大虾”，太费油，不能常吃，后来，便到河沟里去捉田鸡，放在锅里熓，他管这叫做“鸡汤”。每次吃“鸡汤”，他总是很风趣地说：“这不花钱，还很有营养，味道也很鲜哩！”

柴炭太贵了，烧热水不经济，他早上总是带着孩子到村边小河里去用冷水洗冷脸。

村子到昆明有 20 多里路，坐马车要费钱，他就提着手杖，背着书包，步行进城，在城里住一宿，当天下午和第二天上午连着把课上完，又步行回去。闻一多刚到昆明还常常穿的那件很体面的黑缎马褂，早就送到拍卖行去了，长衫也渐渐陈旧了。步伐还算健快，两颊却日益消瘦了。

生活如此困难，他不祈求别人同情，不要求亲友帮勘。也从无怨言。他有一个年轻时候的“好友”，抗战前就投靠国民党政府，已经当到大学校长、教育部次长等等高官，多次想拉闻一多到官场去。一次，因公来到昆明，专门来看望他。一见闻一多清贫如洗的处境，又一次提出旧建议——何苦如此辛苦自己嘛！至少也去重庆休养一段时间，这位老友负责接待。闻一多回答说：论交情，我们是几十年的老朋友，过去不分彼此，你来我往，也是常事。不嫌清贫简陋，我愿意留你小住，但你那儿我不能去！问他为什么？他说得很简单：“你那儿同过去不一样了，那是衙门，那里有官气！”

饥饿、贫困、疲劳地步行，并没有使他放松所承担的工作。在学校里一直是最受尊敬的教授之一。从不因私事耽误学生的学业，从不浪费上课的时间。虽然每次上课来回要走几十里路，还是准时走进课堂，拍一拍身上的尘土，便翻开书卷和手稿，开始那充满风趣的讲课，从那和颜悦色的脸上，很难感受他正在受着多么艰苦的折磨。

自己动手节俭为国

> 贪污和浪费是极大的犯罪。
> ——毛泽东《我们的经济政策》

70年代我国与美国建立了外交关系，黄镇、朱霖夫妇被派往美国创建中华人民共和国驻美联络处。

来到美国首都华盛顿，联络处的同志们先在一家旅馆住了七八个月，然后买下了温莎公园旅馆大楼及其附属楼和附近的两座小楼。房子买下了，但是要与中华人民共和国驻华盛顿代表机构的地位相称，房子还要改建、装修、布置，工程量相当大。黄镇带领全处同志经过讨论，认为从工作需要和今后的长远考虑出发，该花的钱还是要花。但是又要精打细算，尽量为国家节省外汇，于是他们决定自己动手干。

改建的主要工程有大厅、门厅、宴会厅和会客室。国内只来了5位工人老师傅。在改建的过程中，不管是打隔墙，提高大厅屋顶，还是倒垃圾、磨水泥地等工作都由年轻力壮的同志干，他们在老师傅的指导下个个变成了修建工人。外交官也不例外，副主任韩叙就算一个壮劳力，经常干重活。女同志们也尽自己的最大努力，干些糊墙纸和油漆门窗的轻活，还给大家送茶送水，做好后勤辅助工作。

为了保卫、保密工作的需要，楼下第一层的窗户都要装上层铁窗。老主人李师傅设计了一种图案，送给领导审批时，黄镇在这个图案上又画了一些菊花，这样就更好看了。李师傅说：“这样好，我可以用手工做出菊花，再焊接到铁栅栏上。不过，我需要两个同志帮忙。”朱霖听说了，马上自告奋勇地报名参加。他们先用砂纸磨铁条、铁花，再用涂料打底，最后用黑油漆刷三遍。有时人力不足，黄镇也来帮忙。

房子完全修好了，还要挂窗帘。联络处的同志从国内买了红丝绒和织锦缎，在当地买了尼龙白纱，组织全体女同志自己动手缝窗帘。大家公推朱霖为组长，理发员小蒋协助她计划、剪裁、分配任务。大家都干得很起劲，速度也不慢。窗帘缝好了，大家学着当地外国人的办法，将白纱的、红丝绒的和织锦缎的三层窗帘挂了起来，又放好国内定做的地毯、沙发、硬木家具，正面墙上挂上毛主席和56个民族同胞在一起的巨幅绒绣画，并将经周总理批准带出来的古代珍贵文物和现代艺术品、书画等陈设、摆放或悬挂起来。晚间，在柔和的灯光照耀下，整个房间漂亮极了。看到自己亲手劳动取得的成果，大家喜悦的心情真是难以用语言表述，大家不禁热烈地欢呼起来，有的同志甚至将工人师傅抱了起来。

华侨、华人来此观看后，都十分赞赏，他们说："这些钢窗设计得非常艺术，在华盛顿是看不到的；你们自己能做这么大的窗帘，真不简单！"然后又问道："你们做这一切共花了多少钱？只用了这么短的时间就完工了，一定花费了不少。"朱霖微笑地告诉他们："将整个联络处的房屋整修一遍，连工带料一共花去了10万元美金。""哦！真了不起，"他们感慨地说："如果都雇人来干，花30万元美金也不一定能做得这样好，而且还会拖上很长时间。"

就这样，驻美联络处的同志本着勤俭办事的原则，用自己的双手辛勤劳动为国家节约了20万元美金。

"节约姑娘"韦钰

> 奢侈会破坏人们的心灵纯质，因为不幸的是，你获得愈多，就愈贪婪，而且确实总感到不能满足自己。
>
> ——安格尔

1981年6月，一位中国女学者在德国亚琛工业大学高频研究所通过论文答辩，以"优秀"的成绩获得博士学位。亚琛工业大学还特别给她颁发了巴歇尔奖章。她是获得该奖章的第一位中国人，也是新中国第一个电子学女博士。这位女学者就是韦钰，当时的南京工学院讲师。

初到德国，韦钰原计划只是作一般的进修学习。她的导师在她完成了最初两项研究课题后，发现这位中国女学者在电子器件方面有相当高的造诣，就建议韦钰将一般进修改为攻读博士学位，并主动为她申请到了著名的洪堡奖学金。

洪堡奖学金是德国最高的科研奖学金，获得者每月可领取2 100马克，只有学习优异者才能获得。在韦钰享用这项奖学金的两年中，她为国家节省了一大笔外汇。

当时国家规定，出国留学人员在国外获得的奖学金归获得者个人支配。这样，韦钰的收入就一下子变成了原来的五六倍之多，大家都开玩笑地叫她“财主”。

韦钰是个“富”而不奢的人，中华民族勤俭节约的美德在她身上始终保持着。在她写给家中的信里，她谈及自己的想法：能省还是要省。虽然现在我自己能支配的钱多了，还要想到国家。我想尽量保证学习条件，有多余的钱为学校购置些器材、仪器。家里边我就不多买东西了，这一点我想家里是一定能谅解的。”

根据德国的规定，像韦钰这样的“财主”，应该搬出学生宿舍，住进专为洪堡奖学金获得者提供的公寓。公寓里备有现代化的全套家用设备，距离韦钰工作的研究所又十分近，工作、学习、生活都很方便。

但是搬进新居后，韦钰心里十分不安，她觉得每月500马克的房金太贵了，于是千方百计地想办法降低房金。她找到了一位印度女学者，讲好每人付一半房金同住。当那位女学者回印度后，她找不到合适的人同住，就从公寓里搬了出来。

韦钰先后搬了两次家，房金一次比一次便宜。最后，她搬到一幢旧式楼房的顶层阁楼里。这种老式房子没有电梯，没有暖气，没有浴室，一般德国人是不愿意住的。而我们的女博士，就在这个阁楼上一直住到离开德国。

根据洪堡奖学金的规定，获奖者的家属也可以用这项奖学金到德国学习或探亲。韦钰的爱人吴冲若当时也是南京工学院的讲师，从事表面物理方面的研究，领导决定让吴冲若利用这个机会去德国进修。

韦钰离开祖国，离开家庭到国外留学已经好几年了，对丈夫和孩子十分想念。她何尝不想与家人早日团聚呢。

但是节约每一分外汇支援国家建设的思想情操战胜了对亲人的思念。当得知领导的意图后，韦钰先给工学院党委写了一封信：

“……我没有权利支配我奖学金的多余部分。吴冲若出国问题不应作特殊处理，应该按计划让其他同志先出国进修。”

而在给爱人的信中，她恳切地说：

“冲若，全国有多少人能出来？我出来已经不容易了，一家两个人出来的情况就更少了。我们给国家做的贡献和从国家取得的，就像天平的两边，是取得多给得少。盛名之下，其实难副。我们不能有过多的要求。”，吴冲若以实际行动支持了她，最终没有去德国进修。

由于韦钰身处“财主”地位，却处处十分节俭，外国朋友亲切地叫她“节约姑娘”。就是这个“节约姑娘”，在她获得的奖学金中节余出12 000马克，买了微型计算机及附件，买了200多千克的研究资料，带回祖国无偿献给南京工学院作科研教学用。

勤奋成才

QIN FEN CHENG CAI

董遇巧用"三余"

有德者皆由俭来也。
——司马光《训俭示康》

时令还未到冬至，塞外的黄土高原早已是冰天雪地的世界了。屋外，鹅毛般的大雪漫天飞扬，沁骨的北风在野地里打着回旋，呼呼作响。偌大的旷野里，看不到一个人影。屋内，董遇坐在靠窗的案桌前，一边认真地看着书，一边两手不停地来回搓动。过了很长一段时间，突然听得"啪"的一声，门被吹开了，强劲的北风夹着雪花，直往屋里灌。顿时，屋里也成了风世界。董遇回过头，刚要起身去关门，却发现脚已经不听使唤了。没办法，他只好用手使劲地揉搓拍打着麻木的脚面。慢慢地，脚才恢复了知觉。他好不容易地站起身，一步一步地移到门口，费劲地把门关上。然后，使劲地用脚跺着地。接着又在屋内来回地一阵小跑。跑了一会，董遇感觉腿已经完全正常了，就又回到桌前，继续看书……

夜幕刚刚降临，董遇的那间小屋就燃起了灯。枯黄色的烛光洒在透明的窗纸上，非常清晰地映出了董遇捧书静坐的身影。窗外，风轻树隐，万籁俱寂，天边的一轮明月，也慢慢地躲进了厚厚的云层里。已经是夜半时分了，偏僻的小山村里，家家户户都已熄灯睡觉了，只有董遇的那间小屋里仍然亮着灯，纸窗上的身影也还是和以前一样，一动未动，仿佛是贴上去的纸画一般。时间长了，阵阵的睡意朝董遇袭来，他有些坚持不住了。没办法，董遇只好站起身，走到水缸前，舀起了一勺水，倒在木盆里，用毛巾沾湿了水，洗了把脸，感到清醒后，又回到窗前，捧起书，认真读起来，一页，两页，三页……

又到了阴雨绵绵的季节了。户外的小雨，淅淅沥沥，一连下了好几天还没有停。董遇一早起来，收拾完床铺，就坐在桌前，开始读书。读着读着，就觉得好像有什么东西掉下来砸在自己头上，前额一阵冰凉。他用手一摸，咦，水？怎么回事？他抬头向上一看，噢，原来屋顶由于年久失修，又加上连下了几天雨，已经开始漏水了。他赶忙把桌子向旁边移了移，又找了个木盆放在漏水的地方接水，自己则拿起刚才没有读完的书，沉浸到书中去了……

董遇，字季直，东汉末年陕西弘农(今河南内乡、宜阳以南，陕西柞水以东)人。他为人朴实敦厚，从小就喜爱读书。他读书很认真，很实在，不像其他富家子弟一样，只是浮光掠影、蜻蜓点水般地大致看一下，所以，他十几岁的时候，就已经掌握了许多知识。汉献帝兴平年间，董卓虽然已经被处死，但是他部下的将官李傕、郭汜、樊稠、张济等却到处烧杀抢掠，非常凶残；又加之碰到一连几年的大旱，地里一粒粮食都没有收成，老百姓只好挖草根、嚼树皮来充饥，有的地方甚至还出现了人吃人的现象。荒地旷野，尸骨遍布。董遇的家乡弘农一带，又恰巧是张济的屯兵之处。没有办法，董遇只得随着哥哥一起，告别家乡，到别处投靠朋友去了。

在朋友那里找到了一个歇脚的地方以后，董遇就和哥哥一起，每天上山打柴，再挑到街上去卖，换取一点微薄的收入来勉强度日。打柴是力气活，来回又得跑许多路程，每次回到家时，人已经累得气喘吁吁了。可即使是在这样的条件下，董遇仍不顾劳累，抓紧一切空余时间来读书。他的哥哥看着他读书时专心的样子，就讥讽他说：累得要死，不知道躺在床上好好休息一下，一天到晚就知道叽里呱啦地念书，有什么用？书能当饭吃吗？董遇听后，并不理会，仍是埋头读他自己的书。

董遇对《老子》这本书非常感兴趣，读过不知多少遍，还亲自为这本书做了详细的注释。另外，他对《春秋左氏传》也花费了很多时间来研究。他在读这本书的时候，每看所得，必写在纸上。后来，他把这些心得结集成为《朱墨别异》一书，很受世人喜爱。

董遇的名声大了，附近的人都纷纷前来向他求教，请他讲书。可董遇却对他们说："你们不要着急让我讲，还是自己多读一读吧。先读上100遍再说。"

那些人见董遇不肯讲，以为他摆架子，很是失望。董遇又解释说："你们不要误解我。我刚才的意思是，无论什么书，只要你能多读几遍，那么总会理解它的意思的，退一步说，即使还没有理解，那时候再让我讲也不迟啊。""您的话很有道理，可是我上哪里去找那么多的时间来读书呢？"那些人问道。

董遇听后，摇了摇头，说："你们为什么不能利用'三余'的时间呢？"

“什么是‘三余’呢?”那些人又问道。董遇回答说:

“‘三余’就是三种空余时间。冬天,严寒沁骨,地里没有什么农活可做,这是一年里的空余时间;晚上,漆黑一片,也不便干活,这是一天里的空余时间;阴雨天,水洼四处,泥泞遍地,无法外出,这是平时的空余时间。如果能充分利用这三种空余时间,还愁没有时间读书吗?”

听了董遇的一席话,那些人才恍然大悟。他们向董遇深深地道了谢,高兴地离去了。

就这样,董遇虽然生长于战乱时代,靠打柴为生,但由于他巧用时间,勤于读书,后来终于成为三国时期有名的学者。

这个故事说的是董遇善于寻找空余时间来读书的事。它对我们是一个很好的启发。不过,在这里需要特别指出的是,董遇的“读书百遍.其义自见”,是为了启发自学的积极性而说的。不应该以它为根据,贬低老师讲解的重要性。这话也是对有一定理解能力的人说的,它的用意不在于强调死记硬背,而是要求他们在反复诵读的过程中细心思考,以达到“其义自见”的目的。

张仲景勤学著大作

> 人生天地之间,若白驹过隙,忽然而已。
>
> ——庄子

张仲景(约150年—219年),是中国东汉时代一位大医学家,人们把他尊称为“医圣”。

张仲景自幼勤奋好学,因此看了很多书。有一天,他从史书上看到扁鹊给人治病的故事,心里备受感动。他想:“许多人只知道为自己打算,不问民间的疾病和痛苦。我为什么不能像扁鹊那样,把救死扶伤,解除人民病痛当做自己的责任呢?”从此,他就努力钻研医学,拜同乡名医张伯祖作老师,孜孜不倦地向他刻苦学习,在年轻时候就掌握了丰富的医学知识。

当时,每天清晨,张仲景便坐在张伯祖身旁,张伯祖替病人诊脉,他在竹简上写方,另外一些弟子帮着配药。病人川流不息,他们也忙个不停。张仲景见此情景,便问张伯祖:

“师傅,为什么不把药方告诉老百姓?他们生病可以自己医治,病人不就可以减少一些吗?”

“谈何容易!老百姓不懂医理,服错了会出事的。”张伯祖直摇头。

“那就写本书,把原理告诉大家,

让人们知道生病吃什么药。”张仲景又说。

张伯祖说：“这话是对的，可是这事谁来做呢？”

张仲景听后呆呆地想：“是啊，这件事情由谁来做啊？老百姓生活在水深火热之中，多么需要人扶弱济危啊！”张仲景暗暗下定决心：编写医书这桩事没人做，就由我来做吧。

从此以后，张仲景在随张伯祖医疗的过程中，更注意勤奋学习。晚上，别人都休息了，他一个人还静静地坐在松明灯下，攻读医学典籍。

张仲景读遍了自古以来的医书，吸取了丰富的医学知识，继承历代医学家的宝贵经验，总结了5个世纪以来的医学成果，加上自己丰富的实践经验，写出了《伤寒杂病论》。

那么，张仲景为什么能有这么高的医学成就呢？一是勤求古训，二是博采众方。

后来，张伯祖死后，张仲景独自在南阳一带行医，但他始终放不下写书传播医理的心愿。为了写好这本书，他除了继续寻找、研究祖国各种医药典籍外，还尽力采用民间的验方。有一次，他听说邻近老乡把一个上吊的人救活了，急忙去打听用的是什么方法。结果，他学会了人工呼吸的方法。后来他把这个方法写进了他的《伤寒杂病论》，是我国历史上第一次有关人工呼吸的记载。又有一次，张仲景听说一个道士为病人捉“鬼”后，给病人吃了“真武大仙”的“仙药”，病就好了。张仲景很奇怪：巫医也能治病吗？他设法把这个道士的药找来研究一番，发现其中有生姜、茯苓、芍药等好几味药，是一个秘方。原来巫医尽管装神弄鬼，手里也掌握一两种货真价实的东西，否则难以长久骗人。从此，对巫医使用的药方，张仲景也注意收集，但都进行了细心研究，去伪存真，把那些经过临床实验证明有效的，吸收过来。

经过几十年的奋斗，张仲景积累了大量资料，经过去粗取精，反复对比，最后写出了《伤寒杂病论》，成为千百年来的中医经典著作，这是张仲景一生立志勤学的结晶。

“吴下阿蒙”赛儒生

俭为德之恭，侈为恶之大。

——《周书·韦孝宽传》

吕蒙是三国时期东吴的一员骁将，身经百战，受到孙权的赏识，23岁便被提拔为中郎将。可是，只有一点是孙权不放心的：吕蒙小时候没有机会读书，而今身处群雄争霸的时代，缺乏政治、军事学问是不行的。

一天，孙权把蒋钦和吕蒙召来，对他们说：“你们都已经掌权管事了，应该多学点知识，不断求得进步。”

吕蒙听了，红着脸说："我在军中，杂事极多，把这些事办完就够劳累的了，哪还有什么时间读书啊！"孙权对吕蒙说："我并不是要求你广读经学，将来当博士，而只是想让你多涉猎一些历史方面的书。到了我管事的时候，又读了一些历史和兵书，获得很多的益处。汉光武帝在戎马生涯之中，常常手不释卷；曹孟德也说过他是'老而好学'。你们为什么不能自我勉励，好好学习呢？"这番话使吕蒙很受启发。

自此之后，吕蒙就抓紧时间读书了，而且意志坚决，不知疲倦，读书的范围和读书的心得，远远超过一般儒生。

不过，吕蒙的这些进步，人们初时并不知道，在东吴诸将官的心目中，他还是一个有勇无谋的"吴下阿蒙"。有一次，鲁肃跟他讨论问题，吕蒙侃侃而谈，言之成理，往往有超出鲁肃的高见。鲁肃高兴地拍拍吕蒙的背说："我总以为老弟只有武略，通过今日的交谈，才知道你学识渊博，已经不是昔日的'吴下阿蒙'了。

孙权的一番话，使有勇无谋的"吴下阿蒙"成了一位学识渊博的将军。吕蒙的变化说明：一个人不管有多忙，只要立志学习，并且善于抓紧时间，就能获得成功。时间就像海绵里的水，只要去挤，总是会有的。

葛洪砍柴换纸笔

> 不戚戚于贫贱，不汲汲于富贵。
>
> ——陶渊明

葛洪（284—364）为东晋道教学者、著名炼丹家、医药学家。字稚川，自号抱朴子，晋丹阳郡句容（今江苏句容县）人。三国方士葛玄之侄孙，世称小仙翁。他曾受封为关内侯，后隐居罗浮山炼丹。著有《神仙传》、《抱朴子》、《肘后备急方》、《西京杂记》等。其中丹书《抱朴子·内篇》具体地描写了炼制金银丹药等多方面有关化学的知识，也介绍了许多物质性质和物质变化。例如"丹砂烧之成水银，积变又还成丹砂"，即指加热红色硫化汞（丹砂），分解出汞，而汞加硫黄又能生成黑色硫化汞，再变为红色硫化汞，描述了化学反应的可逆性。又如"以曾青涂铁，铁赤色如铜"，就描述了铁置换出铜的反应等等。

东晋时期，丹阳句容县市街上经常能看到一个十几岁的卖烧柴的孩子。他面黄肌瘦，衣服上打着补丁，挑着烧柴沿街叫卖，担子很重，把他的脊背都压成了弓形。这一天太阳都偏西了，还没有人买柴，他就一直把担子挑到文具店的门前，放下担子坐在柴捆上擦汗。他经常来县城卖烧柴，也经常到这家店铺里来，他名字叫葛洪，是个勤劳节俭、刻苦学习的孩子，看起书来废寝忘食。邻居的孩子们成天下棋玩耍，玩掷骰等游戏，可他从不参加这些游戏，一心把时间放在学习上，长这么大了，连棋盘儿道格都说不清楚。读书学习、买纸买笔要不少钱，然而家里很穷，吃穿都供不上，哪儿来的钱给他来买学习用品呢？别看他还是个孩子，可是性格刚强，很有主见，家里没钱给他买笔、墨、纸、砚，他就每天早上上山打柴，等打了满满两大捆，就挑到城里去卖，卖了钱之后买些纸、笔等回去学习。有时笔使秃了就再买一只价钱便宜的毛笔，用毛笔在写过小字、大字的纸背面再写字，一张纸要用三四次。

这天，葛洪挑着两大捆柴来到了文具店，正歇在大门外擦汗，文具店老板出店送客，回头见葛洪坐在那儿，就打招呼说："小伙子，又来买纸了？"葛洪说："大伯，今天我的柴还没卖出去，想买点纸又没有钱，大伯你家不缺柴用吗？买下这些烧柴吧！都是一色儿的干树枝子，可好烧啦！我不要钱，你给我些纸笔就行，我这就给您挑进去。"店老板打心眼儿里喜欢这个说起话来响呱呱的孩子。于是笑着说："行啊！孩子，你帮我把柴搬到后屋去，我这就去给你拿纸笔，保证是上等纸和最好使的笔。"

葛洪就是这样，以打柴换钱来勉强维持学习的，由于他刻苦努力，博学多才，经史百家他都有研究，而且还深通医道。

"囊萤"与"映雪"

> 勤攻吾之缺。
>
> ——诸葛亮

"穷巷悄然车马绝，案头干死读书萤。"这是杜甫《题郑十八丈著作故居》一诗中的两句话。其中的"读书萤"用的就是车胤"囊萤"的典故。

车胤，字武子，晋代南平（今属福建）人。他出生于官家，他的祖父在三国时曾任过吴国的会稽太守，后因事被斩首，家中财产也尽数被抄。自此，家境一落千丈，变得一贫如洗。

当时车胤还很小，虽然眼见着家道中落，可并不为此而介意什么。他还是很刻苦地读书，常常是读着读着就忘记了吃饭和睡觉。有一次，他父亲车育的一个朋友来上门拜访，闲谈之中，发现坐在窗前的车胤一直在专心地读书。他想考验一下车胤的注意力是否集中，就试着喊了一声车胤的名字。可车胤仍然纹丝不动地坐在那里读书，就好像根本没有听见他的喊声一样。这位朋友高兴地对车育说：

"您的这个孩子读书很专心，将来一定会振兴您的家族的，您应该让他多读书。”

从此，车胤就在父亲的亲自指导下，更加发愤地读书，并广泛地学习各种各样的知识。可是有个问题却常常困扰着他：因为家里穷，有时候连吃饭都不能保证，哪里来的钱去买油点灯呢？所以每到晚上天一黑，他就什么也干不成了。夏天白日活多，晚上又热，很晚也不能入睡，这样下来，一天根本读不了多少书。他为此很苦恼，怎么办呢？

有一年夏天，天已经黑了。车胤吃过晚饭，就搬了个小板凳坐在门外，一边乘凉，一边默诵白天所读书的内容。背着背着，突然有一只闪着亮光的萤火虫从他眼前一飞而过。他并没有为意，仍继续背他的书。可是，没有一会，这只萤火虫又飞回来了，并且总在他的眼前转来转去，尾巴上的微弱的亮光还一闪一闪，好像在故意气他：“你看，我多漂亮呀，我的裙子还闪着光哩！”这下可气坏了小车胤。他拿着蒲扇瞅准了朝萤火虫猛地一拍！这只可怜的小虫子立刻就跌到了地上。车胤拾起了萤火虫，把它放在蒲扇上，细细地观察起来。他发现萤火虫并没有死，只是受了点伤，正在粗粗地喘着气呢。它的屁股一闪一闪地还在发出微弱的亮光。对着这盏时亮时灭的“小灯”，车胤陷入了沉思：

“要是我也有一盏这样的小灯该多好呀！可是，灯太小了，什么也看不见呀。咦！我为什么就不能自己做个灯呢？如果我有好多好多的萤火虫，把它们都放在一个透明的袋子里，那不就成了一盏灯了吗？有了这盏灯，我晚上不就也可以读书了吗？”

他一下子变得高兴起来。他兴冲冲地跑进屋子，找了一只透明的袋子，小心翼翼地把手里的萤火虫放进袋子里，然后就跑到屋外去了。他来到屋后的半山腰一看，哇，好漂亮啊！在杂乱的草丛里，星星点点的萤火虫漫天飞舞，真是多极了！这下可把他乐坏了。他尽情地捉呀，捕呀，一只，两只，三只……

就这样，车胤借着萤烛的光，每天夜以继日地埋头学习，由于他勤奋好学，后来终于成为一个很有学问的人。他一生做过征西长史、吴兴太守、辅国将军、吏部尚书等官。他平易近人，大家都非常喜欢他。当时每有盛会，必有车胤在场。如果他不在，大家都会惋惜地说：“无车公不乐。”

和“囊萤”并传的还有一个故事，也就是《三字经》“如囊萤，如映雪，家虽贫，学不辍”中的“映雪”的故事。

故事的主人公叫孙康，是西晋时代京兆（今河南洛阳）人，他出生于一个穷人家里。和车胤一样，孙康也酷爱读书。他是个很懂事的孩子，从小就主动帮助家里干农活。白天忙了一天，虽然很累，可他心里还是想着读书，总是想办法利用一切剩余时间来学习。白天还好办，可一到了晚上，他就没有办法了。家里穷，买不起灯油，所以天一黑，他就不能再看书了，尤其是在冬天，白日时间短，天又黑得早，亮得迟，许多时间都在黑暗中白白地浪费了。他觉得这样很可惜，可又想不出什么办法来解决，就只好白天读书，晚上默诵。

有一年冬季，天已经比较晚了。孙康和往常一样，默诵完白天所读书的内容之后，就洗脸上床了。睡到半夜，外面下起了鹅毛大雪，刺骨的严寒把他从睡梦中冻醒。他揉了揉眼，忽然发现屋子亮了许多。他还以为天已经亮了呢，连忙穿上衣服，起身下床。可等他走到门口拉开门一看，哪里是天亮了，原来是一片白茫茫的大雪。他懊恼极了，刚想把门关上，脑袋里却突然闪出了一个念头："雪色为什么会这么亮呢？"他转身看看屋内的物品，都清清楚楚地映入他的眼帘。"我何不借这亮光来看书呢？"他赶忙从床头拿过一本书，对着亮光一照：嗬，还真清楚哩！他急忙又加了衣服，跑到门外，捧起白天没读完的书，继续看起来……

从此以后，孙康便常常不顾严寒映雪读书，有时候竟通宵达旦，直至鸡鸣。因为他刻苦用功，坚持不懈，后来终于成为一个很有名的学者，并当上了御史大夫。

不管是车胤"囊萤"，还是孙康"映雪"，都离不了刻苦二字。虽然我们现在有了电灯，可以不必为天黑而发愁，可是如果没有"刻苦"的精神，也将是一事无成的。

崔鸿月下勤读

> 没有任何动物比蚂蚁更勤奋，然而它却最沉默寡言。
>
> ——富兰克林

我国南北朝时期北魏有一位著名的历史学家，名字叫崔鸿。他编著的《十六国春秋》一书，通过生动的小故事，表现人物形象和历史事件，使本来枯燥的史书显得生动活泼。《十六国春秋》既是珍贵的历史史料，也是一部优秀文学作品。

崔鸿之所以能取得这样的成就，是与他从小就勤奋学习、刻苦读书分不开的。

崔鸿的父亲原来是做官的，后因受贿被追查，只好弃官而逃，家境一下子陷入了困窘之中。

崔鸿从小就爱读书，拿起书本来就废寝忘食。可是家中发生变故，没钱再去买书，藏书也被他读完，于是读书心切的崔鸿只好向别人借书抄下来读。

抄书首先要有纸，崔鸿就节衣缩食，把省下来的钱用来买纸。晚上抄书要耗费很多灯油，他家境贫寒，拿不出钱来。可是白天崔鸿还要干活，只有晚上才能抄书、读书，怎么办呢？他想了好几天也没有想出更好的办法。

一天晚上，灯油已经耗尽了，家里人都睡下了，崔鸿也不得不放下手中没有读完的书。躺在床上，他辗转反侧，难以入睡，心里还在想着没有看完的书。

崔鸿翻身下床，信步走到门口，觉得眼前一亮。他抬头一看，原来天空晴朗，一轮明月当空，将大地照得如同白昼。他把刚才没有看完的书拿来，借着月光展卷阅读，字句竟清晰可辨。崔鸿高兴地跳了起来，嚷道：

"有灯啦，有灯啦！"

妈妈被他吵醒了，以为发生了什么事，忙披衣起床问他："鸿儿，出什么事啦？"

"妈妈，您看这月光多明亮，以后我读书、抄书不就有灯了吗？"

"是呀，好孩子。不过可千万别累坏了。"

崔鸿跑进屋里，搬出一个小凳，坐在月光下，认真地读起书来。

不知过了多长时间，崔鸿发觉书上的字迹逐渐模糊了，原来月光已经移动了。于是他又移动小凳，追随月光。就这样，月光不断移动，崔鸿的小凳也不断移动，直到月亮渐渐西斜，光线暗淡了下来，书上的字实在看不清了，他才恋恋不舍地放下书本，回屋睡觉。

以后每当皓月当空，月光明亮的时候，崔鸿就来到院中借着月光读书、抄书。有时为了追随月光，他竟然坐到院门外面还不知觉。

崔鸿在浩瀚的书海中遨游，有时通宵达旦，读了大量史书，做了大量笔记，积累了丰富的历史资料。凭着他的勤奋刻苦，崔鸿终于成了著名的史学家。

"映月"夜读

少不勤苦，老必艰辛。

——林逋

南北朝时期，在济阳考城（今河南兰考县）出了一个有名的孝子。他母亲去世的时候，他悲恸欲绝，竟趴在坟上连哭了三天三夜。差点昏死过去。当他的家人扶他起来时，才发现他的眼睛都哭出血了。为了表示自己对死去的母亲的尊重，他不吃荤腥，吃菜不吃菜心，只吃老叶。他不仅只对自己的母亲表现出"孝"，而且几乎是对所有的长者都如此。在他给皇太子当老师的时候，偶尔乘车外出，只要路上一碰到长者，他都要亲自下车，让长者上车，自己则跟在车后步行。人们都亲切地称他为"孝泌"。这个"孝泌"就是江泌。

江泌，字士清。他小的时候家里很穷，父母又多病，几乎无力维持这个家。小江泌很懂事，很小就开始帮助父母干家务活。等长大了一些，到了上学的年龄，邻居的孩子都高高兴兴地背着书包上学去了，而他却只能站在自家的窗前看着人家欢笑，偷偷地抹着眼泪。他的父母看见他这样，心里非常难受。想让他也去读书，可是又没有钱。他们为此而经常叹息。小江泌看出了父母的心思，就故意装出高兴的样子，对父母说："爹、娘，你们不要为我担心什么，我自己会想办法读书的。"可是话说起来很容易，做起来却不那么简单。"我该怎么办呢？"他想。

有一天，他和往常一样，依旧背着那个破旧的箱子出门，到街上一边吆喝着"补鞋喽！补鞋喽！"，一边往前走。当他来到学堂门口时，恰好里面有个老师在讲课。那抑扬顿挫的悦耳的读书声立刻吸引住了他：他屏住呼吸，立在门外，一直听到老师把这堂讲完才走开。从此以后，每到上课时间，他必在门外偷听。到后来，他干脆就把修鞋箱摆在学堂门外，一边补鞋，一边听课，这样既不妨碍赚钱，又可以保证学习，真是两全其美。可是光听不行呀，自己不亲自读读书怎么能学到更多的东西呢？白天补鞋听课，没有时间：只能利用晚上。但是家里又没有钱买灯。怎么办呢？

时间过得很快，转眼间又到了中秋佳节。这天夜里，月亮大如圆盘，月光清澈如水。江泌陪着父母在院中赏月。闲谈之中，他忽然发现院中一棵大树的影子非常清晰地印在地上，甚至连枝丫树叶都看得很清楚，他看着树影渐渐地就出了神，连坐在一旁的父母叫他也没有听见。看着看着，他突然灵机一动，就连忙跑进屋子里，拿了本书出来，往眼前一放。嘿，真清楚！他高兴极了，也顾不得理会旁边的父母，自个儿就坐在板凳上读起来。一页，又是一页……

以后，江泌就天天盼着出月亮。因为有了月亮他就可以读书了。每当明月当空的时候，总可以在江家小院中看到他捧书夜读的情景。有时候，读着读着，月亮就悄悄地爬到屋子那边去了。屋子挡住了月光，又看不清字迹了。没办法。他只好搬来梯子，爬上房，坐在屋顶上，继续读书。偶尔白天干活实在太累了，晚上在屋顶上读着读着眼睛就睁不开了，一不注意就从屋顶上摔下来。他一点也不在意，因为摔跤虽然摔痛了屁股，可也把他的瞌睡给摔跑了。他站起来，拍拍身上的土，又爬上屋顶，继续看起来，直到月儿完全躲进了云层里，不再出来，他才回屋睡觉。

靠着这样的苦学，江泌后来终于成了一个博才多识的学者。

在宋朝，也有一个"映月"读书的人，他就是著名诗人陆游的祖父陆佃。

陆佃，字农师，越州山阴（今浙江绍兴）人。和江泌一样，他小时候家里也很穷，没有钱读书，就只好借人家的书来读。他白天出外干活赚钱，抽不出什么时间来读书，只剩下晚上有些空。可他又没有钱去买油来点灯，只好学着江泌的办法来“映月”夜读。通过夜读，他学到了许多东西，扩大了知识范围。为了学到更多的知识，他决定去拜访名师。有一次，他为了拜访远在金陵的王安石。他从自己的家乡绍兴出发，脚穿草鞋，长途跋涉，走了上千里的路程，才到了目的地。

由于陆佃勤学苦练，博览群书，所以他的知识非常丰富。他上京师考试时，考官将考试题目一道紧接着二道地发给考生，别的考生都吓得不知道怎么办才好，可他却从容不迫，稳如泰山，对答如流，结果被取为进士。他精通三礼、名数之说，曾受到宋神宗的称赞，被提拔为中书舍人、给事中。到徽宗即位，陆佃先被召为礼部侍郎，后又升为吏部尚书丞相。

陆佃一生虽然大多数时间在官场中度过，但仍坚持写作，著书 242 卷，如《埤雅》、《礼泉》、《春秋后传》等，皆传于世。

“映月”夜读与“囊萤”、“映雪”一样，都是形容古人惜时、刻苦的读书精神。惜时、刻苦说来简单，做来却不易，关键是许多人不能够坚持下去。所以，青少年朋友从小就应该养成勤奋刻苦的好习惯，不然，等长大了，想改也不容易了。

韦述少年苦读

仁以厚下，俭以足用。

——《资治通鉴》

韦述，(？—57)字不详，京兆人。唐朝著名的学者、史学家，曾撰定唐朝《国史》112 卷，当时学者萧颖士把他与《三国志》的作者、史学家陈寿相提并论。

韦述的父亲韦景骏也是个学者，曾任房州刺史，家中藏书十分丰富。韦述在小时候就养成了勤奋好学的良好习惯，还不到 10 岁的年纪，父亲珍藏的2 000多卷书籍他已经读得烂熟。

景龙年间，韦景骏调任为肥乡县令，全家也搬到肥乡县。当时名望很高的学者元行仲，是韦述的表兄，正任沼州刺史，肥乡县在其辖区之内，因此两家来往比较密切。韦述经常到元行仲家里去，去了之后便钻进元行仲的书房里废寝忘食地阅读，有时一直阅读到晚上也不出门。元行仲虽然是他的表兄，但两家是远房亲戚，他的年纪可比韦述大得多了。他看到这个小表弟这样好学非常高兴。

有一次，韦述又来到元行仲家看书，元行仲就和他攀谈起来。一经谈话，他才发现尽管韦述年纪小，学问可不小，经籍史书他都通晓，随便提起历史上的某段史实，韦述都了如指掌，而对《五经》也造诣很深，议论起来，见解精到，简直不亚于当时第一流的学者。元行仲又试着让他写文章，韦述提起笔来一篇千字文竟一气呵成。元行仲十分惊喜，晚上就留下这个小表弟与自己睡在一起。

经过元行仲的指导，韦述有了长足的进步。过了几年，不过十几岁的年纪，韦述就进京参加科考。那年，恰好著名的学者宋之问做主考官。宋之问见韦述又矮又小完全是个孩子，感到很惊奇，就对他说："韦学士，我看你也不过是十几岁的年纪，学业上有什么成就啊？"韦述毫不迟疑地回答说："我正撰写唐史，现在已经完成了30卷。至于策论与文章水平，那你等着考试完毕看结果吧！"宋之问笑着说："本来朝廷要选拔优异的人才，想不到却招来了司马迁、班固这样的天才。"经过科考，韦述果然中了进士。

开元五年，由栎阳尉秘书监马怀索负责组织元行仲、王于殉、吴兢等26位学者整理编写国家图书馆藏书目录，韦述也成为其中的一员。在整理图书的工作中，韦述仍保持着他勤奋好学的习惯。当时学者柳冲先整理完了200卷《姓族系录》的目录，韦述对谱系学非常感兴趣，于是白天在秘书阁完成自己所分担的任务，晚上就把《姓族系录》抄写完毕。这时他已经成了研究姓氏源流的专家，不但详尽掌握了中国的姓氏源流，而且还在研究古代姓氏演变的《姓族系录》一书的基础上又编写出研究姓氏谱系的《开元谱》20卷，丰富并发展了谱系学。他的严谨治学精神受到同僚的一致赞扬，并因而被晋升为学士。

《旧唐书》记载：韦述一生"在书府四十年，居史职二十年"，60年中"嗜学著书，手不释卷"。唐朝时很多学者都想撰写出一部国史。著述《唐史》的工作早在令狐德棻开始，直到与韦述同时代的学者吴兢为止，历经多少学者修撰都未完成。而韦述穷尽毕生精力，搜集素材，汇编撰写，终于完成《唐史》120卷。韦述撰写的《唐史》材料翔实，文笔流畅，言简意赅，的确不愧为宋之问所说的"迁、固"之才。后来安禄山叛乱，京城被攻陷，长安一片火海。在火海中，韦述抢救出《唐史》，它成为以后张昭远等撰写《旧唐书》以及欧阳修撰写《新唐书》的重要参考资料之一，韦述为中华民族文化的传播与发展做出了不可磨灭的贡献。

勤练书画的赵孟頫

> 山花开处不知名，野水浇田细有声。经岁谁怜农父老，辛勤一半代牛耕。
>
> ——清·满保

在元朝100多年历史里，出现了

许多著名的画家、书法家。然而相比之下，其中最有成就的要数赵孟頫。

他在绘画上开创了一代新风。在书法上，篆书、隶书、楷书、行书、草书，样样精通。此外，他也是中国古代最有成就的书画家之一。这些成就的取得是和他几十年如一日，勤学苦练，谦虚谨慎分不开的。

赵孟頫 5 岁就开始练书法，几十年间总是每天清晨起床，盥洗完毕后，开始练字。一天少则几千，多时要上万个字。早年他临摹隋朝和尚智永的《千字文》和王羲之的《兰亭序》，光《千字文》他临摹了不知有多少遍，以至于后来真正达到了娴熟的境界。

有一位叫田良卿的书法家，从街市上买到一卷《千字文》，凭他渊博的书法知识，开始以为是唐人的书法，看到最后，才知道是赵孟頫写的。他拿了这卷《千字文》去请赵孟頫题字，赵孟頫如实写道："这是我几年前写的，没想到我随便练习的字，被人拿去卖钱了。"原来赵孟頫广泛收集各种古帖，对各个书法家的字迹个个认真临摹。因此，他能吸收各家长处，融会为一体，形成自已独特的风格，被称为"赵体"。

赵孟頫写字十分讲究笔力。他认为执笔要用千钧之力，方能写出有气魄的字来。他教自己儿子写字的时候，常常不动声色地站在儿子背后，突然抽他儿子手中的笔管。假如笔管抽不出来，他就高兴地笑了；要是笔管抽出来了，他自然很不高兴，还要对儿子加以责罚。

赵孟頫非常善于模仿各个时代书法家的字，有一次，他得到一卷北宋书法家米芾写的《壮怀赋》，可惜中间缺了几行字。于是他找来和原稿一样的刻本，临摹缺了的几行字。他反复写了六七张纸，总觉得不满意，不禁感叹道："今人的字不及古人多了！"只好用刻本中的字补了缺。其实赵孟頫在当时已经是赫赫有名的书法家了，可他还是这样谦虚谨慎，这是很值得学习的。

赵孟頫从小爱画马，就是拾到一张废纸，也要画一张马才把它扔掉。他画的马，就像活马一样，千姿百态，栩栩如生。他也爱画梅竹、山川，他画的梅竹看上去有清高的感觉。他作起画来，起先好像漫不经心，在纸上点点染染，渐渐地在纸上出现了山水、树木，最后一幅精美绝伦的画绘成了。

赵孟頫在世的时候，他的书画就已经是十分珍贵的艺术品了。当时有不少人模仿他的作品。他的作品不仅在国内享有盛名，也为外国人所喜爱。印度有个和尚，不远万里来到中国，请求赵孟頫为他写字。后来，他把赵孟頫的字带回印度，在他们国家被当做是珍贵的艺术品。

颜真卿学书法

> 黑发不识勤学早，白首方悔读书迟。
>
> ——颜真卿

在我国书法艺术中，“颜体”是人们喜爱的一种字体。它刚劲、端庄、流畅，是唐代书法家颜真卿经过长期摸索创造逐步形成的。

少年时代，颜真卿就勤奋好学，喜好书法。由于家境贫寒，买不起纸和笔，他就用黄土、树枝在墙上、地上练习写字。

成年以后，颜真卿做了县官，仍一直惦记着读书、写字，从未停止过练习书法。当他的字已经写得很不错的时候，仍不满足，还要到精通楷法、草书最为知名的张旭门下学习。

拜师后，颜真卿希望张旭能把他的全部技能都传授给自己，但是，过了好几个月，老师很少给颜真卿讲授什么，只是将历代名家的字和自己的字交给他，要他细心揣摩，认真临摹，并要他多多领悟自然万象，从大自然中寻求启示。

急于求成的颜真卿，终于有一天憋不住了，他来到张旭面前，恳求老师把行笔落墨的诀窍传授给他。张旭看着眼前这位求学心切的学生，觉得又好气又好笑。天下哪有一种不花功夫就能学成功的技艺呢？颜真卿想走捷径，找“秘诀”的愿望是不可能实现的。于是，张旭耐心开导颜真卿，给他讲述晋代大书法家王羲之教王献之学书法的故事。最后老师严肃地对颜真卿说：“学习书法要说有什么‘诀窍’的话，就在于苦学。记住，不下苦功夫的人，是永远不会有任何成就的。”

老师的话，使颜真卿受到很大启发。从此，他再也不想找什么捷径了，而是老老实实、认认真真地按着老师的要求埋头苦练。不久，他的书法又有了长足的进步。

由于勤学苦练，颜真卿逐渐对老师的书法技艺能做到心领神会了，并在此基础上大胆创新，最终形成了自己的独特风格。他的正楷端庄雄伟，行书遒劲郁勃，使古人的书法为之一变，开创出新的风格，并对后人产生很大的影响。

颜真卿成名后，不忘张旭的教导，他还专门写了一篇记述跟张旭学习书法经过的文章，用以表达自己对老师的深切感激之情。

柳永刻苦学习

> 凭寄还乡梦，殷勤入故园。
>
> ——唐·柳宗元

柳永(987—1053),崇安(今福建崇安)人,原名三变,字耆卿。他是宋代开一代词风的大词人,官至屯田员外郎,世号柳屯田。

柳永是北宋第一个专门写词的作家。他的词多取材都市生活,又大量创制慢词,受到下层劳动群众的喜爱,宋元时期流传最广。相传当时有“凡有井水饮处,即能歌柳词”之说。

柳永出身于官宦之家,父亲柳宜在北宋朝廷任工部侍郎。柳永小时候与两个哥哥都很有才华,都考中了进士。在乡里有“柳氏三绝”的美称。但在三兄弟中,却是年幼的柳永最为聪明伶俐。据说柳永是吃乳娘奶长大的。乳娘是个略通诗歌的女子。她在给柳永喂奶时,常用手指蘸着奶汁在柳永掌心上写字。小柳永虽然不会读,但识字不少,到了 7 岁,就成了名噪崇安的神童了。

小时候的柳永,不仅才思敏捷,而且学习十分刻苦。他家门前有一条柳叶河,河边有块大青石。每天早晚,柳永总提着一杆大笔,蹲在大青石上提腕运劲在水面上练字,日子长了,他在纸上便能写出十分潇洒、飘逸而又沉稳的字了。乡邻们每逢婚丧嫁娶,多有求他写对联的,人称“柳联”。柳叶河边那块大青石,则被后人称为“磨砺石”。

柳氏三兄弟在学习上都是十分刻苦的,据说他们在赶考之前,连家乡素有“风景奇秀甲天下”的武夷山都没有游玩过。只是在临进京之前,三兄弟才提出游一次家乡山水,放松一下情绪,开阔一下眼界。三兄弟流连于山水之间,乐不思归。柳永更是灵感勃发,思如泉涌。他一气吟出五阙《巫山一段云》。词的第一首写道:“六六真游洞,三三物外天。九班麟隐破非烟,何处按云轩?昨天麻姑陪宴,又话蓬莱清浅。几回山脚弄云涛,仿佛见金鳌。”大自然的美景与美丽的神话故事,相映成趣,勾勒出武夷山水的奇幻与旖旎。至今,他家乡的群众仍为有柳永这样一支神笔而自豪。

李贺勤于作诗

> 慎而思之,勤而行之。
>
> ——唐·白居易

李贺(790—816),字长吉,福昌(今河南宜阳西)人,唐朝著名青年诗人,著有《昌谷集》。

史料记载,李贺的父亲李晋肃是一个小官,他很重视家庭教育。在李贺 4 岁时,就教他读书识字;5 岁时,又给他讲解诗文。李贺聪明早慧,又肯认真学习,所以进步很快,所以在他 7 岁时便能写诗。于是在他青少年时期就写下许多优秀诗篇,后人曾称他是“天纵奇才”,似乎他的才能是天生的。事实上,李贺的诗是他呕心沥血的艺术结晶。

相传，李贺从少年时代起就把全部心力倾注于诗歌创作。为了搜集创作素材，他经常吃过早饭就出门，骑上一匹瘦马，背着一只旧锦囊，外出游历，观察生活。每当他触景生情，偶有所得时，便立即把涌入脑中的诗句记在纸条上，然后投入锦囊中。晚上回到家里，他再把那些记有零星诗句的纸条一一掏出来，对着昏暗的油灯，进行加工整理。他总是精心构思，反复琢磨，然后磨墨铺纸，写成一首首新奇瑰丽的诗篇。其母见他锦囊里竟有那么多纸条，总是埋怨说："这孩子要把心都呕出来才肯罢休啊！"

李贺自幼身体瘦弱，母亲怕他累出病来，禁止他再这样呕心写诗。李贺总是笑着劝慰说："母亲放心，孩儿不会累病的。"吃过晚饭，他回到房里，又继续去写诗了。

李贺在《长歌续短歌》中写道："长歌破衣襟，短歌断白发。"为了写诗，衣襟磨破了，少年头发白了，这是他辛勤从事创作的写照。由于他平时注意深入实际观察生活，认真积累素材，所以他的诗构思新颖，想象丰富，意境奇丽，色彩浓郁，具有强烈的艺术感染力。他的诗句如"黑云压城城欲摧，甲光向日金鳞开"（《雁子门太守行》），"衰兰送客咸阳道，天若有情天亦老"（《金铜仙人辞汉歌》）等，都是千古传诵的名句。毛主席在《给陈毅同志谈诗的一封信》中曾指出"李贺诗很值得一读"。

后来，李贺的父亲便过早地去世了，家庭情况困窘。因为他父亲名叫晋肃，"晋"与进士的"进"同音，为避父讳，李贺不能参加进士考试，只做过奉礼郎那样的小官。他一生抑郁不得志，才活了短短 27 岁，却为后世留下 233 首诗歌，其中大多是名篇佳作。他的诗在艺术上善于熔铸词采，驰骋想象，具有浪漫主义色彩。

华罗庚勤奋成才

> 聪明出于勤奋，天才在于积累。
>
> ——华罗庚

小时候，华罗庚家境贫寒，初中未毕业便辍学在家。辍学之后，他对数学产生了强烈的兴趣，而且也懂得用功读书。他从一本《大代数》，一本《解析几何》及一本 50 页从老师那儿摘抄来的《微积分》开始，勤奋自学，踏上了通往数学大师的路。

华罗庚辍学期间，帮父亲打理小店铺。为了抽出时间学习，他经常早起。隔壁邻居早起磨豆腐的时候，华罗庚已经点着油灯在看书了。伏天的晚上，他很少到外面去乘凉，而是在蚊子嗡嗡叫的小店里学习。严冬，他常常把砚台放在脚炉上，一边磨墨一边用毛笔蘸着墨汁做习题。每逢年节，华罗庚也不去亲戚家里串门，埋头在家里读书。

白天，华罗庚就帮助他的父亲在小杂货店里干活与站柜台。顾客来了，帮助他父亲做生意，打算盘，记账。顾客走了，就又埋头看书或演算习题。有时入了迷，竟然忘记了接待顾客。时间久了，父亲很生气，干脆把华罗庚演算的一大堆草稿纸拿来就撕，撕完扔到大街上。有时甚至把他的算草纸往火炉里扔。每逢遇到这种时候，华罗庚总是拼命地抱住他视之如命的算草纸，不让他的父亲烧掉。

华罗庚的志气与行径，几乎没有人能够理解。华罗庚和全世界无数的杰出人才一样，困难愈多，克服困难的决心也愈坚定。他克服了常人难以想象的困难与阻力，不断前进。平日里要帮家里干活，没有时间学习，让他养成了早起、善于利用零碎时间、善于心算的习惯。没有书、没人指导，却让他养成了勤于动手、勤于独立思考的习惯。这种习惯一直保持到他的晚年。

张海迪身残志坚

> 勤劳一日，可得一夜安眠；勤劳一生，可得幸福长眠 。
>
> ——达·芬奇

1994 年 9 月的北京，正当入秋的好时节。第六届远东及南太平洋地区残疾人运动会在这里拉开帷幕。来自 42 个国家和地区的 2 000 多名残疾人运动员汇聚到一起，要通过比赛证实：自己虽然没有像健全人一样的体魄，但是具备敢于向命运挑战、顽强拼搏的精神。

他们是生活的强者，不屈的勇士。他们将谱写一曲“平等——进取”的生命之歌。

这届运动会最引人注目的人，就是全国青少年敬仰和钦佩的女中豪杰——张海迪。她将参加远南运动会的射击比赛。她身患高位截瘫，胸部以下的躯体全无知觉，整个人是靠夹板支撑着坐起身。像她这样的残疾人，参加这样重大的体育比赛，需要鼓起多大的勇气啊！

其实，她早已取得了超出她能力以外的辉煌成绩，何必还要冒这个风险？况且比赛本身不是一件容易的事情，要集中时间紧张训练，她的身体能承受得了吗？可是，张海迪却不这样认为：“我所取得的成绩都已经是过去的事了，只要还有我能做的事，我就会不惜一切地做到，并且尽自己最大的努力做好。”

1994 年 7 月，天气闷热，太阳火辣辣地直射大地。张海迪戴上遮阳帽，投入到训练中去。

起初，她的双手不听使唤，刚端起气枪就抖动个不停。休息了片刻，她催促教练重新开始。手还是颤抖，她可急坏了。“这样下去，我怎么射击？怎么参加比赛？”

她咬紧牙关反复练习着一个动作，时间长了，肩膀酸痛得钻心，每次练完下来都已是汗流浃背。

后来，枪是端稳了，可是又出现了新的问题。她明明瞄准了靶心，可子弹像长了翅膀一样，飞到别处去了。教练走到她身边，安慰她说：“别着急，这也得一次一次地练。”“是的，这并不比学习外语容易啊！”接着她又问：“教练，为什么我看准了却打不准呢？”教练回答说：“因为你的视线与子弹射出的直线有距离、偏差。这距离、偏差越小，命中率越高。否则就打不中。”

张海迪认真地琢磨着，重新瞄准靶心。

她就是这样进行着赛前训练，没有叫过一声苦，喊过一声累，站在一旁的丈夫心疼得掉下眼泪；就连教练也被她的倔强劲所折服。两个多月的训练结束了，她高兴地告诉教练说：“我要拿回最好的成绩给您。”

看，张海迪面带微笑，坐在轮椅上，向运动场上“走”来，出现在女子气枪 40 发比赛场上。

人们屏住呼吸，注视着这位既熟悉又陌生的运动员。她看上去很冷静、镇定，做着赛前的准备工作。不一会儿，她从容地向裁判点了点头，以示准备完毕。其他队员也相继摆好了姿势。这时，赛场上鸦雀无声，只听见“开始”的命令一下，各路选手争先恐后的枪声不约而同地打响。

张海迪稳定了一下情绪，瞄准靶心射击……

她的身体被气枪振动得向后倾斜，手臂也略微下沉，她感到体力有些跟不上了。在场的人们都为她捏着一把汗。

还剩下最后几发。她在心里暗暗地念着：“坚持就是胜利，坚持就是胜利……”

她终于打完了 40 发子弹，以 338 环的好成绩取得了成功。她以自己顽强拼搏的精神为全中国的残疾人争了光。

袁隆平勤奋的故事

> 天才就是百分之九十九的汗水加百分之一的灵感。
>
> ——爱迪生

袁隆平，一个世人瞩目的名字。他为之奋斗的杂交水稻事业，被人们誉为“第二次绿色革命”，给整个人类带来了福音。而今，以他为首的一批农业科学家群体，即将掀起新一轮的绿色革命，攻克超级杂交稻这一世界难题。

1987 年，袁隆平发表了具有里程碑意义的重要论文《杂交水稻育种的战略设想》，提出三系法品种间杂种优势利用，两系法亚种间杂种优势利用和一系法远缘杂种优势利用这样三个战略发展阶段。同年，国家“863”计划将两系法杂交水稻研究立为专题，袁隆平牵头组成了两系法杂交水稻研究协作组，开展了全国性的协作攻关。研究过程中几经波折，甚至出现重大挫折，袁隆平以中国科学家过人的胆识和丰富的经验，几度调整研究方案，使得两系法杂交水稻研究得以顺利进行。1995 年袁隆平郑重宣布：两系法杂交水稻研究基本成功。在两系杂交水稻育种理论的启发下，两系法杂交高粱、两系法杂交油菜、两系法杂交棉花、两系法杂交小麦相继研究成功。我国农作物育种出现了史无前例的辉煌。

“21 世纪谁来养活中国人?”这是美国经济学家布朗博士提出的尖锐命题。袁隆平相信中国人一定能依靠自己解决吃饭问题，他决定向更高峰发起冲击，选育超级杂交稻，计划用 3～5 年时间育成每公顷日产中晚稻 100 千克或早稻 90 千克、米质达部颁二级、抗两种以上主要病虫害的超级杂交稻。这一项目得到时任国务院总理朱镕基的高度重视，1998 年，总理特批 1 000 万元予以资助。

在跨入新世纪，进入知识经济时代之际，袁隆平称自己为农业科技战线上的一名老兵，他有两个最大的心愿：一是把超级杂交稻研究成功；二是让杂交水稻进一步走向世界。在袁隆平制定的选育超级杂交水稻技术路线与超高产稻株形态模式的指导下，科技人员克服“重库轻源”的倾向，将形态改良与杂种优势利用有机地结合起来，已培育出一批超级稻苗头组合。如两系亚种间杂交组合培矮 64S/E32，1997 年在江苏三个地方试种 3.6 亩，平均产量为 884 千克/亩，生育期 130 天，日产量达到 102 千克/公顷。在小面积上达到了超级杂交稻的选育目标。1998 年又在江苏、湖南几个点试种 37.5 亩，部分点的平均产量仍然超过了 800 千克/亩。今年仅在湖南已布百亩片点 26 个，显示出很好的发展前景。为了将杂交水稻推向世界，袁隆平担当了联合国粮农组织首席顾问，多次赴印度、越南、缅甸、孟加拉等国指导杂交水稻育种和繁殖制种技术。同时，还为这些国家培训杂交水稻技术骨干。袁隆平亲自倡导并积极创办了“湖南农平杂交水稻种子公司”和“杂交水稻培训中心”，面向全国、全世界推介杂交水稻，培训技术人员，至今已先后成功举办了 3 次国际学术讨论会和 12 期国际杂交水稻培训班，培训了来自 20 个国家的 200 余名科技人员。在中国的帮助下，越南和印度的杂交水稻发展很快，已应用于生产。

有关评估机构评估：“袁隆平”名字品牌价值 1 008.9 亿元。袁隆平虽然淡泊名利，不想用自己的名字去赚钱,但以"袁隆平"名字作品牌创办股份公司就可以融集社会资金,加速科技成果的转化。股份公司的创立在全国农业科研单位走向市场上实现了零的突破。股份公司拥有袁隆平、周坤炉、张继仁等一大批世界及国内知名的科技家和丰富的技术成果储备,具有知识、技术、产业三大优势,将把具有世界性先进水平的高科技成果推向市场,使更多的农民受益,使科研向高精尖方向发展发挥重大作用,为解决人类仍然面临的粮食问题做出贡献。

袁隆平在书房内挂有自己写的一首七绝:"山外青山楼外楼,自然探秘永无休。成功易使人陶醉,莫把百尺当尽头。"诗词表明了他探秘杂交水稻永无休止的决心。现已年届八旬的袁隆平每天仍然要骑着自己的白色小摩托到杂交稻试验田观察研究,他已经将杂交水稻研究视为自己生活中不可缺少的一部分,依然执着地为杂交水稻事业的发展奋斗不息,耕耘不止。

勤奋苦学的苏阿芒

> 天才,就是无止境刻苦勤奋的能力。
>
> ——卡莱尔

在奥地利首都维也纳国际语博物馆里,有一尊中国青年的塑像:他腰杆挺直,目光深邃,望着远方。他就是为世界各国许多有名望的作家所瞩目,被誉为"我们文坛地平线上在东方闪烁着的一颗新星"的世界语专家、文学家苏阿芒。

苏阿芒,原名苏承宗,他幼年丧父,和母亲相依为命,过着艰难困苦的生活。但他从小就很喜欢读书,母亲给他的零花钱,他从来都不舍得花,全部拿去买书。

1954年,苏阿芒高中毕业了,可是连续三年参加高考,他都名落孙山。怎么办呢?难道就此罢休?不,苏阿芒毫不气馁,而是更加发愤地自学。

还在上中学的时候,苏阿芒就对文学和外语产生了浓厚的兴趣,英语、俄语学得都很好。没有考上大学,苏阿芒也没有马上参加工作,他想:外语是一种很好的工具,自己没有考上大学,就应自学外语,用它来为祖国的文化事业服务;我们的祖国是历史悠久的文明古国,我要把祖国的文化介绍给各国人民,让世界了解中国。

决心下定,苏阿芒更加勤奋地自学外语。他每天很早就起床,晚上要学到深夜一二点钟。北方的冬天,寒气逼人,虽不是滴水成冰,也冷得够呛。苏阿芒刻苦学习,经常忘了吃饭,忘了寒冷。火炉子灭了,他不去生火,这样又省煤又不浪费时间。

一次偶然的机会,苏阿芒结识了一对意大利侨民夫妇,他想:这不是学习意大利语的好机会吗?于是,他主动找上门去，请他们教授意大利语。这对夫妇被苏阿芒虚心好学的精神感动了，收下了他这个学生。苏阿芒聪明强记，勤学苦练，很快就掌握了意大利语。

由于用眼过度，苏阿芒的眼底血管破裂，眼睛瞎了。经过治疗，病情刚见好转，他又起早贪黑地学习、写作。眼底血管又破裂了，这样反反复复了好几年。最后，医生不得不严厉地警告他：

"阿芒，再这样下去，你就将永远变成瞎子了。"

"是吗？那我就更要抓紧时间学习，不能虚度年华。我要使自己宝贵的青春放出光华，为祖国多做贡献。"

从此，他学习和写作的积极性更高，更自觉了。

在"文化大革命"中，苏阿芒被以莫须有的罪名逮捕入狱，强迫劳动改造。就在身陷囹圄、蒙受不白之冤的逆境中，他仍然让母亲给他订了世界语版和意大利文版的报刊，在每次探监时带来。他还征得同意，在每天繁重的劳动之余，坚持学习。

苏阿芒所走的是一条勤奋苦学、艰难坎坷的道路。至今他已不同程度地掌握了 21 种外文，其中英、法、德、俄、意大利和世界语 6 种，他能看、能听、能说、能写。

苏阿芒的故事告诉我们："天才出于勤奋！"

布朗勤学苦练

> 天才是勤奋造就的。
>
> ——西塞罗

克里斯蒂·布朗，1933 年出生在爱尔兰的一个普通的人家。他的降生本来是家里一件高兴的事情，可是，他母亲万万没想到，小布朗还没能睁开眼睛喊她一声"妈妈"，大脑就患了病，致使全身瘫痪。看着一动也不能动的儿子，母亲不知哭了多少次，流了多少眼泪……

布朗在母亲的精心照料下，一天天地长大了。

一天，母亲端着小饭锅走进屋，坐到布朗身旁，一边用嘴吹着香喷喷的饭菜，一边用勺子舀起一勺饭送向儿子嘴边。突然，她的目光惊异了：小布朗的左脚趾间夹着一根粉笔，不停地在床上画着。母亲手中的饭勺落下来，饭菜洒了一地，她顾不上去擦，便扑到儿子身上，激动地喊着："我的孩子，你的脚能动啦？"她就像看到儿子站立起来一样兴奋不已。

从这之后，母亲对布朗的照料不仅仅停留在生活上，还用节省下来的钱买了几本书，每天都念给他听。当他听到精彩的地方时，就请求母亲再重复念一遍，甚至念两遍、三遍……并用心地背记着。他对文学的兴趣越来越浓厚了。

布朗由此产生了要自己创作的愿望。“我虽然无法用手来写作，但是我要让我的左脚做得比别人的手还好。”他把自己的想法告诉了母亲，并对她说：“妈妈，我知道这对于我来说是件很困难的事情，但是我不去试试又怎么能知道自己行不行呢？我想请您给我买一台打字机。”母亲迟疑地注视着儿子大胆而坚定的神情。是啊！她没有一天不想让自己的儿子和正常孩子一样做他想做的事情，可是，可是……布朗看出母亲为难的样子，又继续说：“我要成为世界上第一个用脚趾打字、写作的人。”在布朗的一再请求之下，母亲答应了他的要求，给他买了一台打字机。

经过几年的练习，他的脚趾磨起厚厚的一层老茧。他从没有喊过一声苦，叫过一声累，每天坚持不懈地为着他的信念刻苦地练习。

1954 年，在他 21 岁的时候，他用这台打字机写出了他的第一部小说《我的左脚》。16 年后，又出版了第二部小说《生不逢辰》。他的作品轰动了世界文坛，成为国际畅销书之一。

布朗用自己的勤学苦练证明了，身体有残疾不要紧，只要刻苦勤奋就能够和正常人一样做有意义的事情。

马克思——不知疲倦的工作者

> 天才不是别的，而是辛劳和勤奋。
>
> ——威·霍格思

马克思(1818—1883)是全世界无产阶级的伟大革命导师，他和自己最亲密的战友恩格斯一起，以毕生的精力共同创立了科学共产主义理论，从而在人类认识史上引起了空前的大革命。

马克思曾经说过：“在科学上没有平坦的大道，只有不畏劳苦沿着陡峭山路攀登的人，才有希望达到光辉的顶点。”他自己就是这方面的光辉榜样。他的一生除了斗争就是学习，而学习也是为了斗争。他的一生是顽强战斗的一生，也是勤奋学习的一生。

马克思每天都要工作到很晚才睡觉，但他总是在早晨八九点钟就起床，喝完一杯不加糖的清咖啡，读完当天的报纸之后，就到书房里去，一直工作到深夜两三点钟，中午就躺在书房的沙发上睡一会儿。只是在吃饭或者当天气好的时候去郊外散步时才休息一会儿。

马克思十分珍惜时间，即使在散步的时候，他也要带一本笔记簿，时时把思考着的问题写在上面。他是一个不知疲倦的工作者，工作已经成了他的一种癖好。马克思工作起来总是专心致志，以致常常忘记了吃饭、睡觉。吃饭时总要别人招呼他好几次才到餐室，而且几乎不等咽下最后一口饭就又回到他的书房里去了。

马克思在工作的间隙，常常在书房里一边踱来踱去，一边在脑子里思考问题。当恩格斯来的时候，两个人就各自沿着一条对角线走过来走过去，滔滔不绝地谈论着各种问题，一谈就是几个钟头。这样，长此以往，在马克思的书房里，从门口到窗户的地毯上慢慢地被踩出了一条痕迹，就像穿过草地的一条小路一样。

紧张的革命活动和贫困的生活条件使马克思的健康受到了严重的损害。多年以来，他患着好几种疾病，医生嘱咐他吃饭要按时，睡眠要充足，要多到户外活动，呼吸新鲜空气。可是只要病稍好一点，马克思就把医生的嘱咐忘记了。马克思为工人阶级争取8小时工作制而不倦地战斗，而他自己的工作时间几乎每天都是16小时以上。

虽然各种疾病不断折磨马克思，可是他始终保持着乐观精神，为了完成伟大著作《资本论》，他从不白白放过一个钟头。当疾病使他不得不中断研究工作时，他总是非常难过。有一次马克思在给朋友的信中说：丧失工作能力对于任何一个不愿当牲畜的人来说，等于宣判死刑。

刻苦勤学的恩格斯

勤能补拙是良训，一分辛劳一分才。

——高尔基

弗里德里希·恩格斯1820年11月28日出生于德国莱茵省巴门市的一个资产阶级家庭。

他的父亲是一个开有大纺织厂的资本家，与其他许许多多资本家一样，以剥削工人为生，而且他的父亲性格暴躁、强横，稍不如意即大发雷霆。因为恩格斯是长子，所以被父亲严厉管教着，一切均要按父亲的旨意行事。甚至父亲笃信宗教，就要让恩格斯“按上帝意志”办事。

生长在这样一个家庭，恩格斯并不是唯命是从，相反，他常常为软弱的母亲受到父亲欺负而大鸣不平。他自己也经常希望能冲出父亲严厉甚至蛮不讲理的约束，去寻找自己的生活，走自己应该走的道路。

恩格斯中学未毕业，父亲就强迫他停学，让他去学习经商做生意，他希望恩格斯将来能继承他的事业，成为大资本家。恩格斯虽然不满父亲的安排，但无奈之下，只好听从父亲安排，到一个小营业所去工作。

18岁时，恩格斯又被父亲送到德

国北部的一个重要港口城市布莱梅，到那里的一家大贸易公司工作。这一次，恩格斯非常高兴地接受了。

布莱梅虽属德国，但不是普鲁士的领土，这里的思想比较自由，普鲁士专制政治对这里影响不大，人们可以自由地看书、议论。喜欢自由的人和对专制制度不满者，都希望能够来到这里，恩格斯也是这样。

到了布莱梅，恩格斯除了应付一下父亲派给的工作之外，把大部分时间用在了学习上。恩格斯酷爱学习，但威严霸道的父亲不让他读书，他心里总是窝着一股怨气，暗暗地对父亲表示不满。现在终于有机会了，他如饥似渴地学习，对各方面的书都感兴趣，哲学、历史、物理、化学等他一本本、一卷卷地深入学习。读书使他掌握了丰富的自然科学和社会科学知识。

更为重要的是，在这里，恩格斯接受了不少新的思想，阅读了许多国家的进步书刊，这使他更为同情工人无产者的遭遇。

早在家乡读中学时，恩格斯就对为自己家里干活的工人充满了同情之心。他常常一个人偷偷跑到工厂里去观察工人劳动，又来到工人所住的地方，观察工人生活。他看到了这么一种现实，工人们在潮湿，窄小的低矮工棚里生活，一家老小挤在一起，里面几乎没有任何亮光，乱糟糟简直无法立足。工人们缺吃少穿，过着极端贫困的生活，而正是他们在为自己家里创造着一笔又一笔的财富。他们拖着疲惫、纤弱的身子在没日没夜地劳动，有时有了病也没有时间去看病。有不少工人因积劳成疾还不得不带病干活。更使恩格斯吃惊的是，工厂里有不少童工！他们本该和自己一样读书、学习，无忧无虑地度过他们的童年，但他们却在这里，在这里辛辛苦苦地为资本家创造财富！

于是，他开始寻找推翻资本主义制度的道路和方法。由于恩格斯刻苦学习，到了 20 岁，他已经掌握了英、法、意、西班牙、希腊、拉丁等十几种外语，取得了可喜的进步。1841 年，恩格斯入伍了，在部队里，他认真学习理论，钻研技术，很快就成了一名好炮手。在服兵役期间，恩格斯还经常到柏林大学旁听，广泛涉猎各种专业知识。这时候，他还发表了几篇著名的理论文章如《谢林——基督的哲学家》等，以唯物主义思想批判唯心主义的神学观。

勤劳的米利肯

> 假如你有天赋，勤奋会使它变得更有价值；假如你没有天赋，勤奋可以弥补它的不足。
>
> ——乔·雷诺兹

美国著名的物理学家，罗伯特·安德罗·米利肯，是诺贝尔物理学奖获得者。

米利肯出生于1868年，那时因为他家的孩子多，尽管父母都参加劳动，生活仍然比较困难。懂事的米利肯从小热爱劳动，他常常跟在父亲的屁股后边学着种土豆、玉米和各种蔬菜。慢慢长大了以后，父亲把他送进了学校。

米利肯深知自己的学习机会来之不易，他在校认真听讲，努力学习，放学后放下书包跑到地里帮父亲干活。父亲看着孩子满是汗水的脸，很心痛地说："孩子，你上学已经够累的了，先歇会儿吧！"米利肯没有休息，跟在父亲的旁边和父亲一起一直干到天黑才回家。

米利肯进了大学。在大学期间，他爱上了物理，为了探索物理学的奥秘，他经常把自己关在实验室里做各种实验。他不怕脏，不怕累，一干就是一夜。这件事被学校的保卫人员发现了，几次告诫他回去睡觉，米利肯总是恳切地说："我做完就回去。"同宿舍的同学也因他回去得太晚，要求他到别的宿舍住。面对同学们的不理解，米利肯左右为难，但他想："叫我住在哪里都可以，但不能阻止我做实验。"于是，他一到晚上就钻进实验室里去做实验，有时甚至睡在里面。

一天，他正在实验室里紧张地工作，校长在外边看到实验室还亮着灯，于是推门进来，看到米利肯正专心致志地做实验，根本没有觉察到自己站在他的身后。校长看见他那样认真工作，没有打扰他，就悄悄地走出了实验室。

第二天，校长把米利肯叫到办公室，问："米利肯，你昨天晚上在干什么？"米利肯不知自己犯了什么错，说："我在实验室搞实验。"校长会意地点点头，说："好孩子，我看到了。"米利肯非常惊讶，心想昨天晚上并没有人到实验室来，校长怎么看到的？米利肯慢慢地抬起头，目光落在校长的脸上，看到校长慈祥的面孔，半天说不出话来。

校长说："米利肯，你辛苦了，你可要注意身体呀！"听了这番话，米利肯激动地流下了眼泪。

米利肯大学毕业后留校当了物理老师。这时他的工作更辛苦了，他为了攻克物理学中的一个又一个难关，每天工作都在12个小时以上，就在他结婚的那天，仍然工作到天黑才赶到新娘的住地。

米利肯50多岁了，仍然参加野外的宇宙射线测量工作。一次，他和助手带着电子显微镜乘飞机去做实验，飞机上下起伏不定，令人头晕目眩，就连他的助手都几乎坚持不住了，他却像小伙子一样来往奔走，助手几次劝他休息，他始终不肯，仍是干劲十足。就这样，他们在飞机上连续工作了三天三夜。

米利肯靠着惊人的毅力和勤劳刻苦的精神，取得了很大成就，他常说："人的能力虽然有限，但只要选定了方向，坚持到底，把个人的精力全部投入工作，就一定会在科学事业上做出一番成就。"

列宾放不下画笔

> 天才绝不应鄙视勤奋。
>
> ——史达尔夫人

俄国第二大城市彼得堡郊外的一幢别墅里，一个人躺在病床上。过了一会儿，他侧耳细听，门外没有脚步声了，就小心翼翼地爬了起来，拿起画笔，打开颜料盒，聚精会神地在画布上画起来。

他，就是巡回展览画派代表人物、著名的俄国画家列宾。

列宾毕业于彼得堡美术学院，在学校学习时他就十分刻苦勤奋，毕业后创作了不少作品。他对艺术要求严格，作画更是细心认真。

现在，列宾得了重病，医生嘱咐他一定要卧床休息，决不许再动笔，列宾无可奈何地躺在床上。

但是，他怎么能躺得住呢？这不，他的手又痒痒起来了，强烈的绘画愿望促使他又抓起了画笔。

列宾认真地画着，他的心神太集中了，以至连开门声和脚步声都没有听见。

画着画着，颜料不太够了，列宾放下笔准备去书柜里拿一管。他猛然抬起头，不禁吓了一跳。原来，医生正怒气冲冲地站在他的面前。

"列宾先生，您在做什么？"

"哦，没……没做什么。只不过想活动一下。"列宾赶紧笑着解释。

"难道我的嘱咐您忘记了吗？您应该卧床休息。"

"没忘。您看，我已经躺了半天了，现在活动活动，不会太累的。您就让我画一会儿吧。"

"不，不行。您这么不听话，我不得不采取强制的措施了。"医生说完，拿着列宾的画笔和颜料走了。

列宾只好又躺在床上。这么多年来，他每天都要作画，否则就吃不好饭，睡不着觉。可是现在，既没有画笔，也没有颜料。怎么办呢？列宾陷入苦恼之中。

忽然，他的眼睛一亮，像发现了金矿，他笑了，站起身来走到桌子旁边。

原来，列宾发现桌上的烟灰缸里有不少香烟灰，还有一瓶墨水。他把烟灰倒在墨水瓶里，从抽屉里找出一支画笔搅了搅，做成一种特制的"油彩"。他又迅速找出一块画布，忘乎所以地画了起来。

托尔斯泰的“复活”

> 如果没有勤奋，没有机遇，没有热情的提携者，人就是再有天才，也只能默默无闻。
>
> ——小普林尼

列夫·托尔斯泰，是19世纪俄国伟大的现实主义作家。他出身贵族，1851年参军，参加过塞瓦斯托波尔之战。战后，他根据自己的亲身经历，写成了《塞瓦斯托波尔故事》。从此，便一发不可收，先后写成长、中、短篇小说十余部。诸如：自传体三部曲（《童年》、《少年》、《青年》）、《琉森》、《一个地主的早晨》、《哥萨克》等。尤其是他所创作的长篇小说：《战争与和平》、《安娜·卡列尼娜》、《复活》，更是成为世界文坛上不朽的传世之作。

托尔斯泰十分珍惜时间，从不浪费一分一秒，他把全部的精力都投入到创作上。

1877年，托尔斯泰完成了鸿篇巨制《安娜·卡列尼娜》的创作，就着手下部作品《复活》的案头准备工作。但是，《安娜·卡列尼娜》问世后，轰动了世界文坛。从此，托尔斯泰便被热情的人们包围了。

每天清晨，佣人们都能从信箱里拿出一大堆信件，有请他签名的，有索取书的，有邀请他赴宴的，还有一些报刊记者找上门来要求采访他。人们纷至沓来，使他应接不暇。

托尔斯泰对此十分反感，这样下去岂不是浪费时间，影响下一部作品的创作吗？可是，人们又是十分热情的，不能生硬地拒绝他们。怎么办呢？终于，托尔斯泰想出了一个绝妙的好办法。

他把自己反锁在书房里，并对佣人说：“从今天开始，我‘死’了。不过，可别忘记给我送饭吃啊。”佣人们心领神会，就照他说的去做了。

从那天开始，见了来访的客人，佣人便会故作悲痛地告诉他们：

“先生‘死’了。”

“是么？怎么没得到报丧的消息？”

“先生希望安静，他嘱咐不要报丧。”

这样一来，一传十，十传百，渐渐地大家都知道托尔斯泰已经“死”了，来访者少了。

托尔斯泰充分利用这一段时间，加紧创作。1899年另一部传世之作《复活》完成了，这时，托尔斯泰也得到了“复活”。

巴尔扎克的创作劳动

> 持续不断的劳动是人生的铁律，也是艺术的铁律。
>
> ——巴尔扎克

巴尔扎克，是著名的法国作家。1829年以来他写出了《朱安党人》、《戈布塞克》、《夏培上校》、《欧也妮·葛朗台》、《高老头》、《驴皮记》等长篇小说。1834年，巴尔扎克计划创作一整套社会长篇小说，反映革命后法国社会的生活，这套小说总名为《人间喜剧》。原计划要写137部，实际上他只完成了96部作品，近2 000个人物组成了这《人间喜剧》的宏伟大厦。巴尔扎克几乎不停地写了15年，每年得写上6～7部作品。恩格斯尊敬地称他为"巴尔扎克老人"。

巴尔扎克一工作起来就没有头，他每天写作12小时以上，直到写得手指痉挛起来才稍事休息，然后又写下去。就像他自己所说的那样，"我已经把生命投入到这个坩埚里，就像炼金术士投他的金子。"

有一次，一个朋友来看他。只见巴尔扎克趴伏在一张朴素的长方形小桌上正在写作，桌上只有大叠的白纸和一束削好的鹅毛笔。右手边摆着一本摊开的记事册，用来记下后面的章节可能用到的构想和情节。见到这种情景，朋友没有打搅他，悄悄退了出来到客厅里等待。过了一个多钟头，巴尔扎克端着一杯咖啡走进客厅，连连对朋友说："对不起！对不起！我从来没有一口气只工作两三个小时的。让你久等了。"朋友走了以后，巴尔扎克又一头扑到书桌上写起来。

每天在写作五六个小时之后，巴尔扎克就像干了重体力劳动之后一样筋疲力尽了。这时，他还不休息，而是煮上一杯又浓又黑的咖啡，喝下去之后，把生命机器重新发动起来，又争分夺秒地写作下去。他年复一年地把咖啡煮得越来越浓，好使他的神经赶得上那种有增无减的紧张劳动。

你能想象出巴尔扎克每天的工作量吗？让我们借助他写给友人的信中所说到的自己的写作情况吧："要知道我的勇气有多大，听我告诉您：《路吉艾利家族的秘密》是我一夜工夫写成的，《老姑娘》是三个夜晚写成的，《该死的孩子》是在我身心痛苦的9个钟头内写成的。我在萨舍，花了三天三夜，写成了《幻灭》开头的100页。"